AF635325

Dagmar Giersberg
Carola Klippert
Judith Lake

IM BERUF *Neu*

Fachwortschatztrainer Erziehung

Deutsch als Fremd- und Zweitsprache

Hueber Verlag

Übungen: Dagmar Giersberg

Wortschatz: Carola Klippert und Judith Lake

Fachliche Beratung: Carola Klippert

Zu den so gekennzeichneten Übungen und zum Lernwortschatz gibt es Audiodateien, die Sie über die kostenlose *Hueber Media*-App für Smartphone und Tablet abrufen können.

Unter *www.hueber.de/im-beruf-neu* können Sie die Audios auch im MP3-Format kostenlos herunterladen. Dort finden Sie auch die Lösungen zu den Übungen in diesem Trainer.

Der Verlag weist ausdrücklich darauf hin, dass im Text enthaltene externe Links vom Verlag nur bis zum Zeitpunkt der Buchveröffentlichung eingesehen werden konnten. Auf spätere Veränderungen hat der Verlag keinerlei Einfluss. Eine Haftung des Verlags ist daher ausgeschlossen.

Das Werk und seine Teile sind urheberrechtlich geschützt. Jede Verwertung in anderen als den gesetzlich zugelassenen Fällen bedarf deshalb der vorherigen schriftlichen Einwilligung des Verlags.

Eingetragene Warenzeichen oder Marken sind Eigentum des jeweiligen Zeichen- bzw. Markeninhabers, auch dann, wenn diese nicht gekennzeichnet sind. Es ist jedoch zu beachten, dass weder das Vorhandensein noch das Fehlen derartiger Kennzeichnungen die Rechtslage hinsichtlich dieser gewerblichen Schutzrechte berührt.

5. 4. 3.
2028 27 26 25 24

Die letzten Ziffern bezeichnen Zahl und Jahr des Drucks.

Alle Drucke dieser Auflage können, da unverändert, nebeneinander benutzt werden.

1. Auflage
© 2019 Hueber Verlag GmbH & Co. KG, München, Deutschland
Umschlaggestaltung: Sieveking Agentur, München
Layout und Satz: Sieveking Agentur, München
Verlagsredaktion: Ingo Heyse, Thomas Stark, Hueber Verlag, München
GPSR-Kontakt: Hueber Verlag GmbH & Co. KG, Baubergerstraße 30, 80992 München, kundenservice@hueber.de
Druck und Bindung: Friedrich Pustet GmbH & Co. KG, Gutenbergstraße 8, 93051 Regensburg, technik@pustet.de
Printed in Germany
ISBN 978-3-19-361190-1

Art. 530_25364_001_03

Inhalt

Anhang

Vorwort

Mehr als 700 Wörter aus dem Fachwortschatz Erziehung wurden für diesen Trainer thematisch in 34 Wortfelder gruppiert. Je eine Doppelseite zu jedem Wortfeld bietet abwechslungsreiche Übungen und eine Liste des Lernwortschatzes mit Linien zum Eintragen der eigenen Übersetzung.

Die ersten zehn Wortfelder haben wir zum besseren Kennenlernen der Übungstypen konsequent mit Beispiellösungen versehen. In den Wortfeldern 11 bis 34 haben nur noch unbekannte Übungstypen solche Beispiellösungen.

Übungen auf der Grundlage eines Hörtextes sind durch ein Lautsprechersymbol besonders gekennzeichnet. Diese Hörtexte und die Vertonung des Lernwortschatzes sind über eine kostenlose App für Smartphone und Tablet abrufbar.
Unter *www.hueber.de/im-beruf-neu* finden Sie die Audiodateien auch im MP3-Format zum kostenlosen Download. Sie können dort auch die Lösungen zu den Übungen in diesem Trainer kostenlos herunterladen.

Zum schnellen Auffinden einzelner Wörter dient das Wörterverzeichnis im Anhang ab Seite 74.

Viel Spaß und Erfolg mit unserem Fachwortschatztrainer Erziehung
wünschen Ihnen
die Autorinnen und der Verlag

Einige Tipps für's Wörterlernen

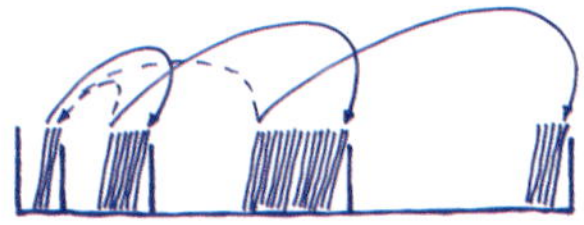

Karteikarten
Schreiben Sie die Wörter, die Sie lernen möchten, zusammen mit einem Beispielsatz auf Karteikarten. Notieren Sie auf die Rückseite die Übersetzung. Besorgen Sie sich einen Karteikasten. Neue Kärtchen kommen ins erste Fach. Wenn Sie ein Wort können, wandert es ein Fach nach hinten. Die Wörter in den hinteren Fächern werden ab und zu kontrolliert. Beherrschen Sie eine Vokabel bei der Überprüfung nicht mehr, kommt sie wieder ins erste Fach.
Das letzte Fach ist das Archiv. Aber auch diese Wörter sollten Sie gelegentlich überprüfen.

Wörternetze
Notieren Sie Wörter, die zusammengehören, in einem Wörternetz und sammeln Sie diese Netze. Wenn Sie ein neues Wort lernen, das dazu passt, ergänzen Sie Ihr Netz.

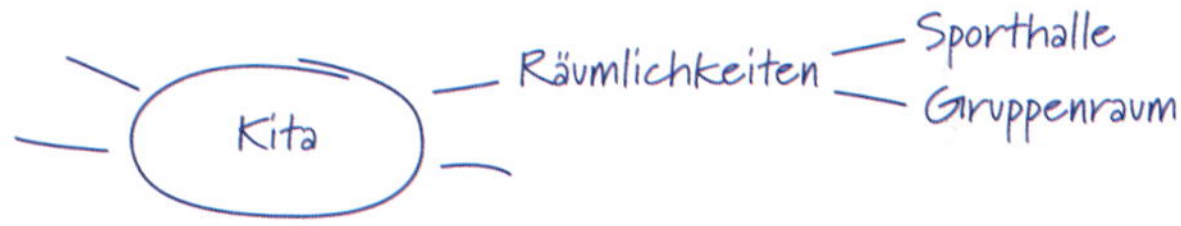

Wort-Bild-Karten
Schreiben Sie das Wort auf ein Kärtchen und kleben Sie auf ein anderes Kärtchen ein passendes Bild oder zeichnen Sie selbst.
Mit einer Sammlung dieser Kartenpaare können Sie ein Memo-Spiel oder, wenn Sie ein Bild und ein nicht dazu passendes Wort zusammenkleben, Domino spielen. Das macht am meisten Spaß, wenn Sie mit mehreren zusammen spielen.

Diese Spiele funktionieren auch, wenn Sie Teile von zusammengesetzten Wörtern auf die Kärtchen schreiben.

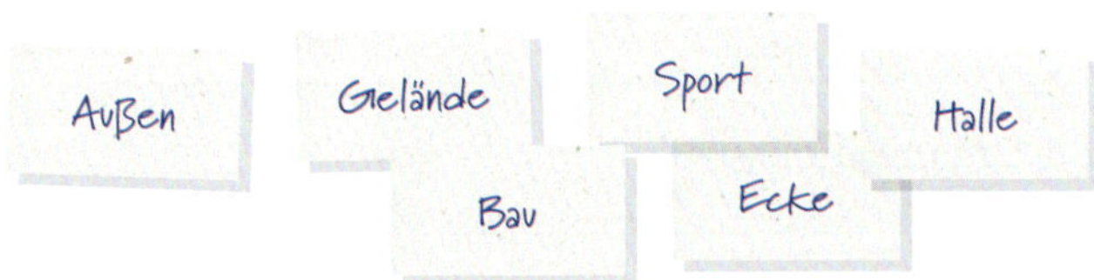

Schreiben
Schreiben Sie die Wörter öfter mal mit der Hand. Was man geschrieben hat, prägt sich besser ein, und mit der Hand funktioniert das besser als mit dem Computer.
Sie können zu den Wörtern auch Beispielsätze aus Ihrem Berufsalltag aufschreiben. Oder Sie schreiben Sätze, die den Begriff definieren.

Im Außengelände haben wir auch einen großen Sandkasten.

Bewegung
Auch Bewegung hilft beim Lernen. Legen Sie die Lernwortschatzliste in die Küche und decken Sie die deutsche Seite zu. Schauen Sie ein muttersprachliches Wort an, gehen Sie ins Wohnzimmer und notieren Sie dort das deutsche Wort usw., bis Sie die Liste abgearbeitet haben.

1 Die Einrichtung und ihre Organisationsstruktur

1 Finden Sie noch fünf Wörter. Notieren Sie sie mit Artikel.

~~Krip~~ ger Be treu Ki Ord ~~pe~~ ta Trä tung ner ung Ver wal

die Krippe ....

....

2 Ergänzen Sie.

1 die Planung – planen
2 die Leitung – ....
3 ....bot – anbieten
4 der Ordner – ....

3 Was passt zusammen? Verbinden Sie.

1 die Organisations – D
2 die Telefon
3 die Öffentlichkeits
4 die Krabbel
5 die Kinder
6 das Betreuungs

A liste
B arbeit
C tagesbetreuung
D struktur
E angebot
F gruppe

4 Sortieren Sie.

~~der Kindergarten~~ die Verwaltung die Krippe die Kita der Träger
die Leitung die Krabbelgruppe die Stellvertretung der Hort

die Betreuungseinrichtung: der Kindergarten, ...

....

die Organisationsstruktur: ....

....

5 Finden Sie noch neun Wörter und ergänzen Sie.

WMUAPADSORTIERENKYMVDLEITENJABAÖASPPLANUNGBLKLSAXBXÜQEINRICHTUNGQJ
SLKJQNBETREUENKSHWÖZSPCXQHORDNENALKSKTRÄGERNJBYVSPÄDAGOGISCHEGJSAQLX
BETREUUNGSANGEBOTEMQVMBXÖFFENTLICHKEITSARBEITABQLQBX

Wir sortieren [1] gerade die Papiere und bereiten in der Kita die .... [2] für das nächste Jahr vor. Wir möchten unsere .... [3] noch besser organisieren. In unserer Kindertagesstätte .... [4] wir im Moment etwa 20 Kinder. Unsere .... [5] sind für Kinder ab sechs Monaten. Der .... [6] unserer Kita ist die Stadt. Frau Hildegard Bogal und Frau Beate Meier .... [7] die Einrichtung seit vielen Jahren. Sie haben also viel Erfahrung. Frau Bogal ist die .... [8] Leitung. Frau Meier hat sich auch immer um die .... [9] gekümmert. Beide möchten jetzt die Organisationsstruktur neu .... [10].

6 Schreiben Sie die Wörter richtig.

1 ◆ Wer kann denn hier pädagogische (ehaggoidspäc) Fragen beantworten?
  ○ Fragen Sie doch bitte unsere ______ (gutLein). Das ist Frau Simon.

2 ◆ Welche ______ (geAnbeto) sind für die Eltern besonders wichtig?
  ○ Das kann man so nicht sagen. Die Eltern haben ganz unterschiedliche Wünsche

3 ◆ Welchen ______ (Trgäre) können Sie denn empfehlen?
  ○ Tut mir leid. Ich habe da nicht viel Erfahrung. Ich kenne nur die Stadt und einen kleinen Verein.

4 ◆ Wie sieht die ______ (etgurnBeu) bei Ihnen aus?
  ○ Das kommt natürlich auf das Alter der Kinder an.

5 ◆ Haben Sie auch eine ______ (Krebalpgebrup) für sehr kleine Kinder?
  ○ Nein, das hat unsere ______ (irhEincugtn) leider nicht. Fragen Sie mal bei der Stadt nach.

7 Ergänzen Sie.

1 Ein K I N D E R G A R T E N ist für Kinder im Alter zwischen drei und sechs Jahren. Die meisten Einrichtungen haben eine Ganztagsbetreuung.

2 Eine K _ _ _ _ _ ist eine Einrichtung, die Kinder bis zu einem Alter von drei Jahren betreut.

3 Die Betreuung in einem H _ _ _ ist für Kinder, die schon in die Schule gehen. Hier können die Kinder zu Mittag essen und ihre Hausaufgaben machen.

4 K _ _ _ ist das kurze Wort für „Kindertagesstätte". Das ist eine Einrichtung, die kleine Kinder vom frühen Morgen bis zum späten Nachmittag betreut.

8 Welche verschiedenen Einrichtungen zur Betreuung von Kindern gibt es? Machen Sie Notizen.

Lernwortschatz

das Angebot, -e ______
betreuen, hat betreut ______
die Betreuung (Sg.) ______
die Einrichtung, -en ______
der Hort, -e ______
der Kindergarten, ¨- ______
die Kindertagesbetreuung (Sg.) ______
______
die Kita, -s ______
die Krabbelgruppe, -n ______
die Krippe, -n ______
leiten, hat geleitet ______

die Leitung, -en ______
die Öffentlichkeitsarbeit (Sg.) ______
ordnen, hat geordnet ______
der Ordner, – ______
die Organisationsstruktur, -en ______
pädagogisch ______
die Planung, -en ______
sortieren, hat sortiert ______
die Stellvertretung, -en ______
die Telefonliste, -n ______
der Träger, – ______
die Verwaltung, -en ______

2 Die räumliche Orientierung in der Einrichtung

1 Lösen Sie das Rätsel und finden Sie das Lösungswort.

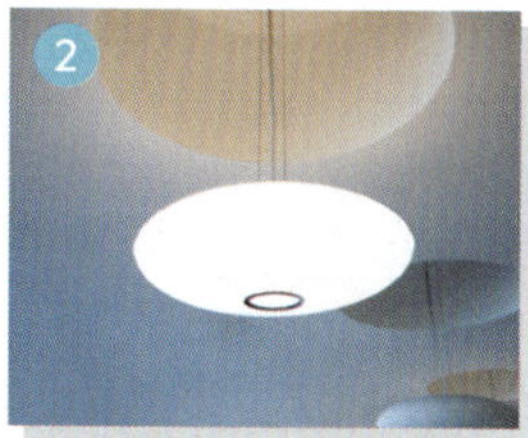

1 Ein anderes Wort für „Zimmer“: der ...
2 Eine Lampe kann an einer ... hängen.
3 In einem ... kann man sich selbst sehen.
4 Oft liegt in Spielzimmern ein Teppich auf dem ....
5 In einem ... können zum Beispiel Bücher stehen.
6 Eine ... ist praktisch, wenn man Sachen aufräumen möchte.

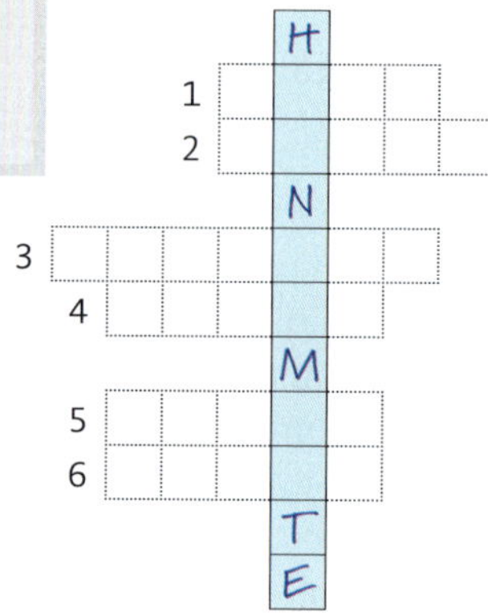

Lösung: die □□□□□□□□□□

2 Wie kann man das auch sagen? Verbinden Sie.

1 eine kleine Sporthalle — E
2 alles, was in der Nähe ist
3 ein Stuhl, aber auch ein Sofa
4 alle Räume einer Einrichtung
5 ein Garten/Hof, der zu einem Haus gehört

A die Räumlichkeiten
B das Außengelände
C die Umgebung
D eine Sitzgelegenheit
E ein Turnraum

3 Was passt nicht? Streichen Sie durch.

1 die Bauecke – die Kuschelecke – ~~die Orientierung~~ – der Turnraum
2 die Wand – die Decke – der Boden – der Schrank
3 das Kuscheltier – die Raumgestaltung – das Spielzeug – das Auto
4 das Außengelände – der Garten – der Spiegel – die Terrasse
5 die Räumlichkeit – das Regal – der Schrank – die Kiste

4 Ergänzen Sie.

1 die Kuschel*ecke*
2 das Kuschel..........
3 die Raum..........
4 die Sitz..........
5 der Gruppen..........
6 die Hänge..........

5 Ergänzen Sie.

Bauecke | kuscheln | Kuscheltiere | ~~orientieren~~ | Orientierung | Schränken | Spielzeug | turnen

1 „Damit Sie sich gut in unserer der Einrichtung orientieren können, machen wir zuerst eine kurze Führung. Hoffentlich fällt Ihnen die ______ dann später leichter."
2 „In diesen Raum gehen wir, wenn wir mit den Kindern ______. In den Turnraum darf man übrigens nicht mit Straßenschuhen hineingehen."
3 „Wer Lust hat zu ______, kann in unsere Kuschelecke gehen. Dort gibt es auch viele verschiedene ______."
4 „Wenn Kinder zum Beispiel etwas mit Holz oder Lego bauen möchten, dann gehen sie in die ______."
5 „Wenn sie frei spielen möchten, gibt es dafür in den ______ und Regalen jede Menge ______ für jedes Alter."

6 Was ist richtig? Hören Sie und kreuzen Sie an.

1 Im 1. Obergeschoss sind ...
a ○ die Garderoben.
b ☒ die Gruppenräume.
c ○ die Toiletten.

2 Der Frau gefällt ...
a ○ die Raumgestaltung.
b ○ die Orientierung.
c ○ die Umgebung.

3 Zum Ballspielen gehen die Kinder ...
a ○ in den Turnraum.
b ○ auf das Außengelände.
c ○ in die Bauecke.

4 Die älteren Kinder sind gerade
a ○ in der Bauecke.
b ○ im Turnraum.
c ○ in ihrem Gruppenraum.

7 Welche besonderen Orte und Räume gibt es in der Kita? Was passiert dort? Machen Sie Notizen.

Lernwortschatz

das Außengelände, – ______
die Bauecke, -n ______
der Boden, ¨ ______
die Decke, -n ______
der Gruppenraum, ¨e ______
______
die Hängematte, -n ______
die Kiste, -n ______
die Kuschelecke, -n ______
kuscheln, hat gekuschelt ______
______
das Kuscheltier, -e ______

sich orientieren, hat sich orientiert ______
______
die Orientierung (Sg.) ______
die Raumgestaltung, -en ______
die Räumlichkeit, -en ______
das Regal, -e ______
die Sitzgelegenheit, -en ______
der Spiegel, – ______
das Spielzeug, -e ______
turnen, hat geturnt ______
der Turnraum, ¨e ______
die Umgebung, -en ______

3 Berufe rund um die Kita

1 Finden Sie noch sieben Berufe. Notieren Sie die Wörter mit Artikel und ergänzen Sie die fehlende Form.

X	B	D	F	G	Z	R	B	M	D	Y	Q	H	Ö	D
H	E	I	L	P	Ä	D	A	G	O	G	I	N	F	K
V	T	D	O	E	X	A	Q	W	L	F	H	P	E	B
D	R	F	G	H	R	V	D	L	M	Z	S	C	R	V
Q	E	W	O	C	K	I	N	D	E	R	A	R	Z	T
Y	U	F	P	R	B	M	U	R	T	A	V	T	I	E
W	E	D	Ä	L	Y	B	N	U	K	T	I	L	E	F
R	R	A	D	N	P	Y	T	V	C	S	K	R	H	M
D	W	S	E	L	R	A	U	S	H	I	L	F	E	R
T	L	E	R	N	B	E	G	L	E	I	T	E	R	R
Ü	Z	M	X	S	G	H	T	Y	R	S	L	B	I	I
A	W	G	H	O	L	D	V	M	L	D	A	Y	N	L

♂
der Erzieher

♀
die Erzieherin

2 Was passt? Verbinden Sie.

1 die Betriebs
2 die Quer
3 der Sozial
4 die Kindheits
5 der Anerkennungs

A praktikant
B pädagogin
C arbeiter
D ärztin
E einsteigerin

3 Ergänzen Sie. (Nicht alles passt.)

~~Anleiter~~ | Auszubildende | Betriebsarzt | Dolmetscher | Fachkraft | Kinderärztin | Kindheitspädagogin | Logopäde

1 Der *Anleiter* hilft dem Praktikanten.
2 Der .... übersetzt Gespräche mit den Betreuern, wenn die Eltern zum Beispiel kein Deutsch sprechen.
3 Die .... will nach der Ausbildung als Erzieherin arbeiten.
4 Die pädagogische .... hat ihre Ausbildung bereits erfolgreich abgeschlossen.
5 Die .... ist eine pädagogische Fachkraft, die ein Studium abgeschlossen hat.
6 Der .... achtet auf die Gesundheit am Arbeitsplatz.

4 Welche Berufe aus 3 passen? Ordnen Sie zu.

Betriebsarzt, ...

....

5 Was ist richtig? Kreuzen Sie an.

1 Wer übt mit Kindern sprechen?
- a ○ der Dolmetscher
- b ⊗ der Logopäde
- c ○ der Lernbegleiter

2 Wer untersucht die Kinder, wenn sie krank sind?
- a ○ der Kinderarzt
- b ○ der Heilpädagoge
- c ○ der Kindheitspädagoge

3 Wer betreut zum Beispiel Kinder, die nicht sehen oder hören können?
- a ○ der Sozialarbeiter
- b ○ der Lernbegleiter
- c ○ der Heilpädagoge

4 Wer untersucht die Mitarbeiter vor dem ersten Arbeitseinsatz?
- a ○ der Kinderarzt
- b ○ der Betriebsarzt
- c ○ der Heilpädagoge

5 Wer kümmert sich um Probleme bei den Kindern zu Hause?
- a ○ der Praktikant
- b ○ der Familienhelfer
- c ○ der Betriebsarzt

6 Wer hat eine Ausbildung abgeschlossen, arbeitet aber jetzt in einem anderen Bereich?
- a ○ der Quereinsteiger
- b ○ der Auszubildende
- c ○ die Fachkraft

6 Welche Bezeichnungen hören Sie? Kreuzen Sie an.

1 ○ der Anleiter / die Anleiterin
2 ○ die Aushilfe
3 ○ der/die Auszubildende
4 ○ der Betreuer / die Betreuerin
5 ○ der Erzieher / die Erzieherin
6 ○ der Heilpädagoge / die Heilpädagogin
7 ○ der Logopäde / die Logopädin
8 ⊗ der Mitarbeiter / die Mitarbeiterin
9 ○ der Sozialarbeiter / die Sozialarbeiterin

7 Wie viele Mitarbeiter sind in Ihrer Einrichtung aktiv? Welche Berufe haben sie? Machen Sie Notizen.

Lernwortschatz

der Anerkennungspraktikant, -en / die Anerkennungspraktikantin, -nen ....
der Anleiter, – / die Anleiterin, -nen ....
die Aushilfe, -n ....
die / der Auszubildende, – / die -n ....
der Betreuer, – / die Betreuerin, -nen ....
der Betriebsarzt, ⸚e / die Betriebsärztin, -nen ....
der Dolmetscher, – / die Dolmetscherin, -nen ....
der Erzieher, – / die Erzieherin, -nen ....
die Fachkraft, ⸚e ....
der Familienhelfer, – / die Familienhelferin, -nen ....
der Heilpädagoge, -n / die Heilpädagogin, -nen ....
der Kinderarzt, ⸚e / die Kinderärztin, -nen ....
der Kindheitspädagoge, -n / die Kindheitspädagogin, -nen ....
der Lernbegleiter, – / die Lernbegleiterin, -nen ....
der Logopäde, -n / die Logopädin, -nen ....
der Mitarbeiter, – / die Mitarbeiterin, -nen ....
der Praktikant, -en / Praktikantin die, -nen ....
der Quereinsteiger, – / die Quereinsteigerin, -nen ....
der Sozialarbeiter, – / die Sozialarbeiterin, -nen ....

4 Anstellung als Erzieher/in

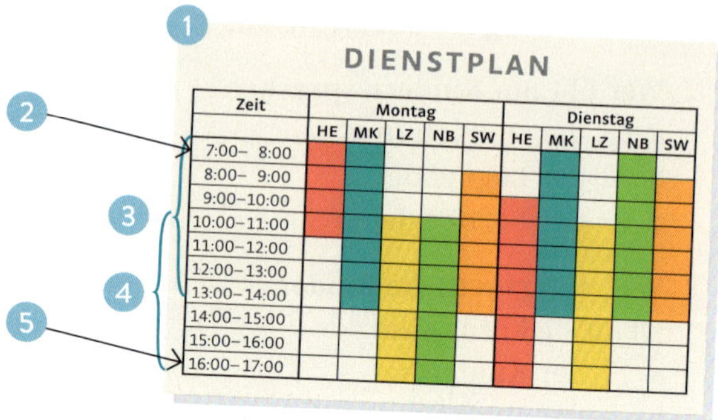

1 Ergänzen Sie.

1 der Dienstp l a n
2 der Dienstb ☐☐☐☐☐
3 der F ☐☐☐ dienst
4 der S ☐☐☐ dienst
5 der Diensts ☐☐☐☐☐☐

2 Bilden Sie Wörter und ergänzen Sie.

Beschäftigungs | ~~Personal~~ | pflicht | Probe | schaft | ~~schlüssel~~ | Schwanger | Schweige | stunden | Über | unterlagen | verbot | Vertrags | zeit

1 Der Personalschlüssel gibt an, wie viele Betreuer für wie viele Kinder zuständig sind.
2 Die Papiere, die zu einem Vertrag gehören, heißen ....
3 Die Zeit, in der eine Frau ein Baby erwartet, heißt ....
4 Die Zeit, die man zusätzlich arbeitet, nennt man ....
5 Dass man über einige private Themen aus der Kita nicht mit Freunden reden darf, nennt man ....
6 Oft gibt es zu Beginn der Beschäftigung eine Zeit zum Kennenlernen und Einarbeiten, das ist die ....
7 Wenn eine Erzieherin schwanger ist, dann darf sie vielleicht nicht mehr in der Kita arbeiten. Das heißt dann ....

3 Was passt zusammen? Finden Sie sieben Paare.

~~Beschäftigungsverbot~~ | Dienstschluss | Probezeit | Schichtdienst | Tarif | Überstunde | Vertretung

1 Schwangerschaft und Beschäftigungsverbot
2 Abwesenheit und ....
3 Dienstbeginn und ....
4 Frühdienst und ....
5 Hospitation und ....
6 Gehaltsstufe und ....
7 Arbeitszeit und ....

4 Was passt? Verbinden Sie.

1 der Spät — C
2 die Aufsichts
3 die Abwesenheits
4 die Aufsichtspflicht
5 das Beschäftigungs
6 der Dienst

A pflicht
B vertretung
C dienst
D beginn
E verletzung
F verbot

5 Ergänzen Sie.

abwechseln festlegen Hospitation Streik
Vertragsunterlagen ~~zusammenfassen~~

1 ◆ Das habe ich noch nicht ganz verstanden. Könnten Sie bitte noch einmal die Regeln zur Schweigepflicht zusammenfassen?
○ Natürlich. Das mache ich gern.

2 ◆ Und wie sieht es mit den Arbeitszeiten aus?
○ Wir hoffen, dass Sie ein bisschen flexibel sind. Wir wollen den Dienstplan immer so ...., dass er für möglichst viele passt.

3 ◆ Kann man sich mit den Kolleginnen und Kollegen beim Schichtdienst ....? Ich würde gern mal früh, mal spät arbeiten.
○ Ja, es gibt mehrere Kolleginnen, die da ganz flexibel sind.

4 ◆ Wann können wir denn Termine für die .... vereinbaren?
○ Das können wir gern sofort machen. Nächste Woche ist aber schlecht. Es gibt einen ...., dann fehlen uns ein paar Mitarbeiter und wir werden keine Zeit für Sie haben.
◆ Das ist kein Problem. Im nächsten Monat passt es bei mir ohnehin besser.

5 ○ Die .... gebe ich Ihnen mit. Die können Sie zu Hause in Ruhe lesen und dann hoffentlich unterschreiben und uns zurückschicken.
◆ Oh, das ist gut. Danke!

6 Zu welchen Zeiten sind Sie einsetzbar? Machen Sie einen Wochenplan.

Lernwortschatz

die Abmahnung, -en ....
sich (mit jdm/etw.) abwechseln, hat sich abgewechselt ....
die Abwesenheitsvertretung, -en ....
die Aufsichtspflicht (Sg.) ....
die Aufsichtspflichtverletzung (Sg.) ....
das Beschäftigungsverbot, -e ....
der Dienstbeginn (Sg.) ....
der Dienstplan, ¨-e ....
der Dienstschluss (Sg.) ....
festlegen, hat festgelegt ....
der Frühdienst, -e ....
die Gehaltsstufe, -n ....
die Hospitation, -en ....
der Personalschlüssel, – ....
die Probezeit, -en ....
der Schichtdienst, -e ....
die Schwangerschaft, -en ....
die Schweigepflicht (Sg.) ....
der Spätdienst, -e ....
der Streik, -s ....
der Tarif, -e ....
die Überstunde, -n ....
Vertragsunterlagen (Pl.) ....
die Vertretung, -en ....
zusammenfassen, hat zusammengefasst ....

5 Aufgaben und Verhalten in der Einrichtung

1 Wie kann man das auch sagen? Ergänzen Sie.

beaufsichtigen | einarbeiten | eingehen | übernehmen | ~~umgehen~~ | umgehen

1 mit jemandem Kontakt haben = mit jemandem umgehen
2 auf Aufsichtsbedürftige aufpassen = zum Beispiel Kinder ....
3 sich für eine Aufgabe melden = eine Aufgabe ....
4 jemandem beim Start in den Job helfen = jemanden ....
5 schauen, welche Fähigkeiten und Wünsche eine Person hat = auf jemanden ....
6 mit einem Problem leben und es vielleicht lösen = mit einem Problem ....

2 Betrachten Sie das Bild. Was ist richtig? Kreuzen Sie an.

Ist das ein guter ☒ Umgang? ○ Rundgang?[1]

Erzieher, die so mit Kindern umgehen, sind eher ○ autoritär. ○ kooperativ.[2]

Diese Erziehungsmaßnahme zeigt nicht viel ○ Koordination. ○ Fachkompetenz.[3]

Die Aufgabe der Betreuer ist es, auf die Kinder ○ einzuarbeiten. ○ einzugehen.[4]

Sie sollen mit Vertrauen eine ○ Beziehung ○ Koordination[5] zu den Kindern aufbauen.

Wenn du nicht sofort machst, was ich dir sage, dann ....

3 Schreiben Sie die Wörter richtig.

1 Ein anderes Wort für „gute Betreuung“ ist Fürsorge. (süForerg)
2 Ein genauer Plan, der auch Ziele nennt, ist eine ....(pozitKonen)
3 Das passiert in der Kita: Betreuung und ....(uhzEriegn)
4 Personal und Geld sind ....(sRecouenrs)
5 Ein anderes Wort für „Kontakt“ ist ....(gUmnga)
6 So klappt die Aufgabenverteilung in einem Team: mit ....(donriKoiatno)
7 Zu einer Bezugsperson hat man in der Regel eine enge ....(zinegBeuh)

4 Was passt zusammen? Verbinden Sie.

1 die Erziehungs	A verteilung
2 die / der Aufsichts	B bedingung
3 die Bezugs	C maßnahme
4 die Aufgaben	D kompetenz
5 die Fach	E bedürftige
6 die Rahmen	F person

(Lösung Beispiel: 1 – C)

5 Ergänzen Sie.

Aufgabenverteilung | Bezugsperson | Erziehungsmaßnahmen | Konzeption | ~~kooperativ~~ | Koordination | Rahmenbedingungen

1 Wir arbeiten in unserer Einrichtung am liebsten kooperativ – also in Teams. Über die genaue .... informiere ich Sie dann später.
2 Haben Sie denn jetzt noch Fragen zu den .... für Ihre Arbeit? Sonst erkläre ich Ihnen jetzt, wie der Alltag in der Kita aussieht.
3 Es ist wichtig, dass Kinder eine feste .... und enge Beziehungen zu mehreren Menschen haben.
4 Wir haben hier seit langem eine gute ...., die die tägliche Arbeit für uns leichter macht. Dort haben wir unsere Ziele und auch gute .... beschrieben.
5 Unsere Kollegin, Frau Schulz, kann sehr gut organisieren. Darum macht sie den Dienstplan und hat die .... von Veranstaltungen übernommen.

6 Was ist richtig? Hören Sie und kreuzen Sie an.

1 Der Mann spricht über ...
a ○ den Umgang mit Kollegen.
b ○ den Umgang mit Aufsichtsbedürftigen.
c ⊗ den Umgang mit Eltern.

2 Dazu gibt es in der Einrichtung ...
a ○ viele Interessen.
b ○ eine Konzeption.
c ○ keine Meinung.

3 Frau Berger war ...
a ○ immer schon bei allen Erziehern bekannt.
b ○ gegen eine enge Beziehung mit den Eltern.
c ○ mit ihrer Fachkompetenz eine Hilfe.

4 Die Kollegen in der Kita wollen ...
a ○ nicht autoritär sein.
b ○ mehr Platz zum Arbeiten.
c ○ nicht kooperativ arbeiten.

7 Welche Aufgaben übernehmen Sie besonders gern? Welche mögen Sie nicht? Notieren Sie.

Lernwortschatz

die Aufgabenverteilung, -en ....
die/der Aufsichtsbedürftige, –/die -n ....
....
autoritär ....
beaufsichtigen, hat beaufsichtigt ....
die Beziehung, -en ....
die Bezugsperson, -en ....
einarbeiten, hat eingearbeitet ....
(auf jemanden) eingehen, ist eingegangen ....
....
die Erziehung (Sg.) ....
die Erziehungsmaßnahme, -n ....
die Fachkompetenz, -en ....
die Fürsorge (Sg.) ....
die Konzeption, -en ....
kooperativ ....
die Koordination, -en ....
die Rahmenbedingung, -en ....
....
die Ressource, -n ....
übernehmen, hat übernommen ....
....
der Umgang (Sg.) ....
umgehen, ist umgegangen ....

6 Das Gespräch mit Kollegen und Vorgesetzen

1 Finden Sie noch fünf Wörter aus dem Wortfeld „sprechen". Notieren Sie sie mit Artikel.

JSLKJAKJHQFALLBESPRECHUNGAJQHBAÖLJCDISKUSSIONAÖMQLKNVMITARBEITERGESPRÄCHJJ DÖQNAHKQÖASNCSWPTEAMBESPRECHUNGBYMQJLKCMWLIGMITARBEITERBESPRECHUNGKJ WQÜSQKDSKÜBERGABEGESPRÄCHJHASLQPCSÖFB

die Fallbesprechung, ……

……

……

2 Hören und ergänzen Sie.

1 ◆ Ich wollte schon immer unbedingt in einer sozialen Einrichtung arbeiten. Der Umgang mit Menschen macht die Arbeit für mich interessanter.
○ Das verstehe ich gut. Es ist ein großer ……, wenn man seine Arbeit gern macht.

2 ◆ Wir haben in unserer Kita eine ……, die sich um die Konzeptionsentwicklung kümmert. Das sind fünf Mitarbeiterinnen, die sich einmal im Monat treffen.
○ Das finde ich gut. Es ist ……, wenn man solche Fragen in einer großen Gruppe bespricht. Solche …… dauern dann viel zu lange.

3 ◆ Ich finde es wichtig, dass man sich für Gespräche Zeit nimmt. Es ist gut, dass wir jede Woche eine …… haben.
○ Das stimmt. Aber manchmal muss man Sachen unter Kollegen auch ganz …… besprechen. Darum finde ich Tür- und Angelgespräche auch gar nicht so schlecht.

4 ◆ Findest du, dass wir noch einmal über die …… sprechen sollen?
○ Naja, es ist ganz gut, sie nach einiger Zeit zu ……. Manchmal ändern sich ja die Arbeitsbedingungen – und damit auch die Ziele.

3 Betrachten Sie das Bild. Was passiert hier? Kreuzen Sie an.

Das ist vielleicht …

1 ☒ eine Besprechung.
2 ○ eine Diskussion.
3 ○ ein Vier-Augen-Gespräch über die Sozialkompetenz.
4 ○ ein Tür- und Angelgespräch.
5 ○ ein Telefonat über Schlüsselqualifikationen
6 ○ ein Treffen einer Arbeitsgruppe.
7 ○ ein Vortrag eines Multiplikators.
8 ○ eine Teamsitzung.

4 Was ist richtig? Kreuzen Sie an.

1 Wenn zwei Betreuer sich in Ruhe über ein bestimmtes Kind austauschen, dann ist das ☒ eine Fallbesprechung. ○ ein Mitarbeitergespräch. ○ eine Teamsitzung.

2 Wenn eine Betreuerin aus dem Frühdienst ihrer Kollegin aus dem Spätdienst erklärt, was am Vormittag in der Kita passiert ist, dann ist das ○ ein Mitarbeitergespräch. ○ eine Konzeptionsentwicklung. ○ ein Übergabegespräch.

3 Wenn ein Vorgesetzter mit einem Angestellten regelmäßig über Zielvereinbarungen redet, dann ist das ○ ein Mitarbeitergespräch. ○ eine Teambesprechung. ○ eine Konzeptionsentwicklung.

4 Wenn zwei Kolleginnen sich spontan über ein Problem in der Kita unterhalten, dann ist das ○ eine Diskussion einer Arbeitsgruppe. ○ eine Teambesprechung. ○ ein Tür- und Angelgespräch.

5 Wie heißt das Gegenteil? Ergänzen Sie.

zasloi | hunskactipr | noanspt | ~~tinenr~~ | tirVoel

1 außerhalb einer Einrichtung – intern
2 praktisch – ....
3 der Nachteil – der ....
4 lange geplant – ....
5 nicht an den Mitmenschen interessiert – ....

6 Ergänzen Sie.

1 das Mitarbeiterg E S P R Ä C H
2 die Arbeitsg □□□□□
3 die Schlüsselq □□□□□□□□□□□□
4 die Sozialk □□□□□□□□
5 die Konzeptionse □□□□□□□□□□
6 die Teams □□□□□□
7 das Tür- und Angelg □□□□□□□
8 die Zielv □□□□□□□□□□□
9 die Fallb □□□□□□□□□□
10 der Nacht □□□

7 Welche Arten von Gesprächen finden in Ihrer Einrichtung statt? Notieren Sie.

Lernwortschatz

die Arbeitsgruppe, -n ....
die Besprechung, -en ....
die Diskussion, -en ....
die Fallbesprechung, -en ....
hinterfragen, hat hinterfragt ....
intern ....
die Konzeptionsentwicklung, -en ....
die Mitarbeiterbesprechung, -en ....
das Mitarbeitergespräch, ¨-e ....
der Multiplikator, -en / die Multiplikatorin, -nen ....
der Nachteil, -e ....
die Schlüsselqualifikation, -en ....
sozial ....
die Sozialkompetenz, -en ....
spontan ....
die Teambesprechung, -en ....
die Teamsitzung, -en ....
das Tür- und Angelgespräch, -e ....
das Übergabegespräch, -e ....
unpraktisch ....
der Vorteil, -e ....
die Zielvereinbarung, -en ....

7 Rat und Unterstützung für die Arbeit

1 **Ergänzen Sie das Nomen mit Artikel.**

1 beraten – die Beratung
2 unterstützen – ……
3 empfehlen – ……
4 möglich sein – ……

2 **Was passt nicht? Streichen Sie.**

1 die Qualifizierung – die Fortbildung – die Weiterbildung – ~~die Erwartung~~
2 das Coaching – die Selbstreflexion – die Möglichkeit – die Mediation
3 die Empfehlung – der Bedarf – der Tipp – der Hinweis
4 sich an jemandem orientieren – Hilfe annehmen – alles selbst beherrschen – sich unterstützen lassen

3 **Wie kann man das auch sagen? Verbinden Sie.**

1 Brauchst du meine Hilfe?
2 Kannst du Russisch?
3 Brauchst du einen Tipp?
4 Was kann ich machen?
5 Wie hoch ist der Bedarf?

A Wie viel brauchen wir?
B Soll ich dir eine Empfehlung geben?
C Beherrschst du die russische Sprache?
D Kann ich dich irgendwie unterstützen?
E Welche Möglichkeiten habe ich?

4 **Bilden Sie Wörter.**

1 sich am Bedarf orientieren – bedarfsorientiert handeln
2 eine Stelle, an der man sich beraten lassen kann – die ……
3 bereit sein zu helfen – …… sein
4 eine Veranstaltung, auf der man sich weiterbildet – die ……
5 wenn man eine andere Perspektive übernimmt – die ……

5 **Finden Sie noch fünf Möglichkeiten, etwas zu lernen oder Hilfe zu bekommen. Markieren Sie und notieren Sie die Wörter mit Artikel.**

S	D	C	L	Ö	S	W	F	G	X	F	N	S	A
Ä	W	O	K	J	C	Y	Ö	B	L	O	T	Z	F
Q	U	A	L	I	F	I	Z	I	E	R	U	N	G
V	Y	C	S	F	H	A	Q	H	O	T	Z	P	K
E	R	H	U	O	V	Ü	X	G	M	B	S	D	L
R	J	I	N	M	E	D	I	A	T	I	O	N	Ö
B	T	N	C	R	F	Z	G	O	Q	L	D	U	V
M	E	G	S	T	G	S	H	L	P	D	C	M	K
P	S	W	C	B	E	L	E	H	R	U	N	G	D
S	U	P	E	R	V	I	S	I	O	N	Ü	J	B
Ä	X	V	D	G	N	Ö	L	Ö	V	G	Y	M	L

die Fortbildung
……
……
……
……
……

6 **Beschriften Sie die Bilder mit Artikel. (Nicht alles passt.)**

Beratungsstelle ~~Coaching~~ Mediation Perspektivübernahme Supervision Selbstreflexion

1 das Coaching

3 ....

2 ....

4 ....

7 **Hören und ergänzen Sie.**

1 Wenn Sie Interesse haben, dann gibt es viele Möglichkeiten für eine Qualifizierung. Sprechen Sie mich einfach an, wenn Sie .... brauchen. Ich berate Sie gern.
2 Selbstreflexion ist eine gute .... zu lernen. Wenn Sie möchten, kann ich Ihnen dazu ein paar Hinweise gehen. Oder Sie machen ein .... zu diesem Thema.
3 Wenn es mal zu einem Streit oder einem anderen Konflikt kommt, kann eine .... helfen. Man sollte aber .... entscheiden, ob man diese Möglichkeit nutzen möchte.
4 Es ist wichtig, dass Sie die .... der Eltern kennen. Wir können nicht alle Wünsche erfüllen, aber wir versuchen, die Eltern möglichst gut zu ....

8 **Welche Möglichkeiten haben Sie, um weiterzulernen?**
Recherchieren Sie passende Angebote.

Lernwortschatz

der Bedarf (Sg.) ....
bedarfsorientiert ....
beherrschen, hat beherrscht ....
....
die Belehrung, -en ....
die Beratungsstelle, -en ....
das Coaching, -s ....
die Empfehlung, -en ....
die Erwartung, -en ....
die Fortbildung, -en ....
hilfsbereit ....
die Mediation, -en ....
die Möglichkeit, -en ....

sich an jemandem/etwas orientieren, hat sich orientiert ....
die Perspektivübernahme, -n ....
....
die Qualifizierung, -en ....
die Selbstreflexion, -en ....
situativ ....
die Supervision, -en ....
unterstützen, hat unterstützt ....
....
die Unterstützung (meist Sg.) ....
....
die Weiterbildung, -en ....

8 Umgang mit Konfliktsituationen

1 a Welche Bilder passen? Hören Sie und kreuzen Sie an.

1 ○ 

2 ☒ 

3 ○ 

4 ○ 

b Welche Eigenschaften hören Sie? Hören Sie noch einmal und kreuzen Sie an.

1 ☒ nicht fair
2 ○ selbstbewusst
3 ○ energisch
4 ○ eigenständig
5 ○ nicht aufmerksam
6 ○ nicht klein
7 ○ komplex
8 ○ langsam
9 ○ ungeduldig
10 ○ nicht schlecht
11 ○ souverän
12 ○ nicht feinfühlig

2 Finden Sie noch sechs Adjektive und ordnen Sie zu.

WXZKGEIGENSTÄNDIGWGDALSIFEINFÜHLIGKWLÖDNMENERGISCHBVQDLQBKLASÖ
AUFMERKSAMLWBFWÄQFÜRSORGLICHJQBWQDQMSOUVERÄNTSGMRIVSELBSTBEWUSSTNAÖW

1 stark sein: eigenständig, ……
2 fühlen: ……

3 Ergänzen Sie. (Nicht alles passt.)

Aussprache | Beschwerde | Beziehungsarbeit | Eigeninitiative | Geduld | Handlungsmöglichkeiten | Konfliktlösung | ~~Ursache~~

1 ◆ Warum gibt es immer Streit? Vielleicht finden wir zusammen die Ursache ?
 ○ Wie bitte!? Das ist doch klar. Das ist ganz allein deine Schuld.
2 ◆ Eine Mutter hat heute gesagt, dass sie sich über meine Arbeit beschweren will.
 ○ Und was will sie mit ihrer …… erreichen?
3 ◆ Ich weiß nicht, ob wir eine schnelle Lösung finden.
 ○ Tja … Wir brauchen jetzt Durchhaltevermögen und …… .
4 ◆ Meine Chefin findet es gut, dass ich neue Ideen ins Team bringe.
 ○ Super! Ja, es ist immer gut, wenn man …… zeigt.

4 Bilden Sie Wörter.

1 die Beziehung + die Arbeit = die Beziehungsarbeit
2 die Fingerspitzen + das Gefühl = ……
3 das Problem + die Lösung = ……
4 die Frustration + die Toleranz = ……
5 die Handlung + die Möglichkeit = ……

5 Schreiben Sie die Wörter richtig.

1 nicht einfach: komplex (lepxkom)
2 ohne Geduld: .... (duliggeund)
3 über ein Thema sprechen: etwas .... (mirathetsiene)
4 ein Problem über das man streitet: der .... (ifKontkl)
5 ein Gespräch zwischen zwei Menschen, die gestritten haben: die .... (achesprAus)
6 das braucht man, wenn man lange Stress hat: das .... (teverhalDurchgenmö)
7 das Interesse bei jemanden wecken: jemanden .... (vietimoren)

6 Welches Bild passt? Kreuzen Sie an.

1 das Fingerspitzengefühl

a ○ 

b ☒ 

3 die Beziehungsarbeit

a ○ 

b ○ 

2 das Vier-Augen-Prinzip

a ○ 

b ○ 

4 die Beschwerde

a ○ 

b ○ 

7 Beschreiben Sie einen Konflikt in Ihrer Einrichtung und eine mögliche Lösung.

Lernwortschatz

aufmerksam ....
die Aussprache, -n ....
die Beschwerde, -n ....
die Beziehungsarbeit (Sg.) ....
das Durchhaltevermögen (Sg.) ....
die Eigeninitiative (Sg.) ....
eigenständig ....
energisch ....
fair ....
feinfühlig ....
das Fingerspitzengefühl (Sg.) ....
die Frustrationstoleranz (Sg.) ....
fürsorglich ....
die Geduld (Sg.) ....
die Handlungsmöglichkeit, -en ....
komplex ....
die Konfliktlösung, -en ....
motivieren, hat motiviert ....
die Problemlösung, -en ....
selbstbewusst ....
souverän ....
thematisieren, hat thematisiert ....
....
ungeduldig ....
die Ursache, -n ....
das Vier-Augen-Prinzip (Sg.) ....

9 Anmeldung und Eingewöhnung der Kinder

1 **Welches Dokument ist das? Beschriften Sie die Bilder. (Nicht alles passt)**

die Abholberechtigung | ~~der Antrag auf einen Kita-Platz~~ | das Eingewöhnungsmodell | die Fotoerlaubnis | der Leitfaden | die Umgewöhnung

ANTRAG
auf einen Betreuungsplatz in der Kindertagesstätte
Angaben zum Kind
Name, Vorname: | geb. am:
Anschrift:
Gewünschte Betreuungszeiten für das Kind:

1 der Antrag auf einen Kita-Platz

Einverständniserklärung zur Veröffentlichung von Fotos
Daten des Kindes:
Vor- und Nachname, Geburtsdatum
Hiermit erteile ich die Erlaubnis, Fotos meiner Tochter/meines Sohnes zu erstellen und zu veröffentlichen.

2 ……………………

LEITFADEN
Eltern-Erzieher-Gespräch
Kind:
Vor- und Nachname, Geburtsdatum
1.1 Eingewöhnung

3 ……………………

Hiermit berechtige ich folgende Personen mein Kind aus der Kita abzuholen:
Angaben zum Kind:
Name, Vorname: | geb. am:
Berechtigte Personen:

4 ……………………

2 **Bilden Sie Wörter und ergänzen Sie.**

~~An~~ | Ein | genehmi | macht | gung | setzungen | Sonder | ständnis | ~~trag~~ | ver | Voll | Voraus

1 fristgerecht einen Antrag für die Anmeldung stellen
2 die V…………………… für eine Neuaufnahme prüfen
3 eine V…………………… von den Eltern unterschreiben lassen
4 eine S…………………… beantragen
5 die Eltern schriftlich ihr E…………………… erklären lassen

3 **Was passt? Kreuzen Sie an.**

Das ☒ Berliner ○ Münchner[1] Eingewöhnungsmodell

Der Start in der Kita ist für Kinder und für ihre Eltern aufregend. Es passiert viel Neues und vieles ist ○ fristgerecht. ○ ungewohnt.[2] Für die ganze Familie beginnt eine Zeit der ○ Umgewöhnung. ○ Buchung.[3] Viele Kinder ○ übergeben ○ fremdeln[4] am Anfang.

Um den Start für alle möglichst einfach zu machen, arbeiten viele Kindertageseinrichtungen mit ○ Eingewöhnungsmodellen. ○ Vorbereitungszeiten.[5] Sehr bekannt und beliebt ist das Berliner Modell. Mit diesem Modell soll die Eingewöhnung ganz ○ behutsam ○ energisch[6] passieren. Die Mitarbeit der Eltern ist dabei sehr wichtig. Vor dem Start führen die Erzieherinnen und Erzieher bei jeder ○ Sondergenehmigung ○ Neuaufnahme[7] ein Gespräch mit den Eltern.

In den ersten drei Tagen kommt das Kind zusammen mit dem Vater oder der Mutter für ein paar Stunden in den Gruppenraum der Kita. Die Erzieherin oder der Erzieher nimmt vorsichtig Kontakt auf. Am vierten Tag ist immer noch ein Elternteil dabei, aber die Erzieherin oder der Erzieher versucht, mit dem Kind zu spielen. Das Elternteil ○ verabschiedet ○ freut[8] sich und geht für eine halbe Stunde aus dem Raum. Wenn das kein Problem ist, können die Eltern das Kind nach dem siebten Tag allein in der Kita lassen. Sonst dauert die ○ Eingewöhnungszeit ○ Anmeldung[9] etwa zwei bis drei Wochen.

4 Was ist richtig? Hören Sie und kreuzen Sie an.

1 Die Frau empfiehlt, ...
- a ○ schriftlich einen Platz zu beantragen.
- b ⊗ die Online-Buchung zu wählen.
- c ○ sich fristgerecht anzumelden.

2 Die Frau bittet darum, ...
- a ○ Voraussetzungen in ein Formular einzutragen.
- b ○ eine Vollmacht mitzunehmen.
- c ○ ein Formular zur Abholberechtigung auszufüllen.

3 Das Formular braucht man ...
- a ○ für eine Fotoerlaubnis.
- b ○ für eine Online-Buchung.
- c ○ für die Eingewöhnung.

4 Die Eltern sollen ...
- a ○ einen Antrag unterschreiben.
- b ○ ihr Einverständnis geben.
- c ○ eine Vollmacht ausfüllen.

5 Wie heißt das Gegenteil? Verbinden Sie.

1 bringen	A fremdeln
2 begrüßen	B abholen
3 kontaktfreudig, offen	C übergeben
4 wieder mitnehmen	D verabschieden

6 Welche Eingewöhnungsmodelle kennen Sie? Wie funktionieren sie? Machen Sie Notizen.

Lernwortschatz

die Abholberechtigung, -en ....

der Antrag, ¨-e ....

beantragen, hat beantragt ....

behutsam ....

das Berliner Eingewöhnungsmodell (Sg.) (Berliner Modell) ....

die Buchung, -en ....

die Eingewöhnung, -en ....

das Einverständnis, -se ....

die Fotoerlaubnis (Sg.) ....

fremdeln, hat gefremdelt ....

fristgerecht ....

der Leitfaden, ¨- ....

die Neuaufnahme, -n ....

die Sondergenehmigung, -en ....

....

übergeben, hat übergeben ....

die Umgewöhnung (Sg.) ....

ungewohnt ....

verabschieden, hat verabschiedet ....

....

die Vollmacht, -en ....

die Voraussetzung, -en ....

die Vorbereitungszeit, -en ....

10 Mitbestimmung der Eltern

1 **Was ist richtig? Kreuzen Sie an.**

1 Das ist eine Einladung …
- a ○ zum Besuch eines Familienzentrums.
- b ○ zur Sitzung des Elternbeirats.
- c ☒ zum Elternabend.

2 Der letzte Programmpunkt ist …
- a ○ die neue Elternumfrage.
- b ○ die Wahl des Elternbeirats.
- c ○ der letzte Elternbrief.

3 Die Einladung ist …
- a ○ für alle Eltern.
- b ○ nur für die Elternvertreter.
- c ○ für die Eltern und ihre Kinder.

Einladung zum Elternabend

Liebe Eltern,

zum Start ins neue Kita-Jahr laden wir Sie herzlich zu einem Elternabend ein:

am Donnerstag, 11. Oktober, um 19.30 Uhr.

Wichtige Inhalte unseres Treffens sind die Vorstellung unseres Teams und die Wahl des Elternbeirats.

Wir freuen uns auf Sie!

Herzliche Grüße
Ihr Kita-Team

2 **Ergänzen Sie.**

Elternabend | Elternbeirat | Elternvertretern | ~~mitbestimmen~~ | Mitspracherecht | partnerschaftlich | Recht | Verantwortung | vertrauen | vertrauenswürdige

Wie Eltern in der Kita und im Kindergarten mitbestimmen [1] **können**

Es ist gut, wenn sich Eltern sowie Erzieherinnen und Erzieher ______ [2] können, denn Kitas und Kindergärten arbeiten familienergänzend. Sie sollten ______ [3] miteinander umgehen. Sie teilen sich die ______ [4] für die Betreuung der Kinder, auch wenn sie manchmal unterschiedlicher Meinung sind.

Eltern haben in der Kita und im Kindergarten ein ______ [5]. Darum gibt es in jeder Einrichtung einen ______ [6]. Das ist eine Gruppe von ______ [7]. Diese Vertreter werden von den Eltern selbst gewählt. Das geschieht meisten beim ______ [8]. Der Beirat ist der ______ [9] Ansprechpartner für alle Eltern, aber auch für die Leitung und den Träger der Einrichtung. Der Elternbeirat hat das ______ [10], von der Leitung über alle wichtigen Entscheidungen informiert zu werden.

3 **Wie kann man das anders sagen? Finden Sie Wörter und ergänzen Sie.**

ant | der | ei | ~~en~~ | en | er | fa | gän | li | lich | lich | mi | mit | nan | ner | part | schaft | schied | ten | ter | ~~trau~~ | un | ~~ver~~ | ver | wor | zend

1 jemandem Vertrauen schenken = jemandem vertrauen
2 die Verantwortung für etwas tragen = etwas ______
3 viele Unterschiede haben = ______ sein
4 wie Partner = ______
5 zusammen = ______
6 als Ergänzung zur Familie = ______

4 **Was passt? Kreuzen Sie an.**

1 ☒ In Elternbriefen ○ In Elternumfragen finden Sie regelmäßig Infos über Ausflüge und Angebote.
2 ○ Bei Elternabenden ○ In Familienzentren bekommen Sie Unterstützung – zum Beispiel fürs Deutschlernen.
3 Wenn Sie in der Kita mitentscheiden und Verantwortung übernehmen möchten, können Sie sich ○ in den Elternbeirat ○ von den Elternvertretern wählen lassen.
4 ○ Elternumfragen ○ Elternbriefe informieren darüber, wie zufrieden Sie und andere Eltern mit der Einrichtung sind.

5 **Finden Sie Wörter. Sortieren und notieren Sie mit Artikel.**

~~etrabElrntei~~ iefrElentbr veungrtretElrnet ilnFaumzenmietr ratspchereMicht

Mitbestimmen	Sich informieren
der Elternbeirat	

6 **Was passt? Verbinden Sie.**

1 familien — C
2 partner
3 vertrauens
4 unter
5 mit

A schiedlich
B würdig
C ergänzend
D einander
E schaftlich

7 **Wie bestimmen Eltern in Ihrer Einrichtung mit? Und: Wie finden Sie das? Machen Sie Notizen.**

Lernwortschatz

der Elternabend, -e ……
der Elternbeirat, ¨-e ……
der Elternbrief, -e ……
die Elternumfrage, -n ……
der Elternvertreter, – ……
familienergänzend ……
das Familienzentrum, -zentren ……
mitbestimmen, hat mitbestimmt ……
miteinander ……
mitentscheiden, hat mitentschieden ……
das Mitspracherecht, -e ……
partnerschaftlich ……
das Recht, -e ……
unterschiedlich ……
verantworten, hat verantwortet ……
die Verantwortung, -en ……
vertrauen, hat vertraut ……
das Vertrauen (Sg.) ……
vertrauenswürdig ……

11 Familiäre Situation

1 **Beschriften Sie das Bild. (Nicht alles passt.)**

das Einzelkind | die Erziehungsberechtigten | das Geschwister | die Geschlechterrolle | der Migrationshintergrund | die Mutter-Kind-Beziehung | die Patchwork-Familie | die Religionszugehörigkeit | die Vaterrolle

1 ______________________

2 ______________________
3 ______________________
4 ______________________
5 ______________________
6 ______________________

2 **Hören und ergänzen Sie.**

Die Kinder, die bei uns in der Kita sind, kommen aus ganz unterschiedlichen familiären Situationen. Die meisten Eltern sind _______ tätig[1]. Wir haben einige _______-Familien[2] und auch viele _______ erziehende[3] Mütter. Wir sind also froh, dass wir auch zwei Männer als Erzieher haben. Vielen Kindern fehlt ein männliches _______ vorbild[4]. Es gibt einige Fälle, wo sich die Eltern noch um das _______ recht[5] streiten. Das ist natürlich schlimm für die Kinder, die ja meistens zu beiden Elternteilen eine enge Bindung haben. Es gibt ein paar _______ kinder[6], aber das ist deutlich die Minderheit. Die meisten Kinder haben Geschwister. Im Moment haben wir sogar zweimal Zwillinge in einer Gruppe. Der Anteil der Eltern mit _______ hintergrund[7] ist recht hoch. Für die Eltern, die noch nicht so gut Deutsch sprechen, ist es manchmal schwierig, am Alltag in der Kita zu partizipieren. Oft spielt dabei auch die _______ zugehörigkeit[8] eine Rolle. Aber wir verstehen uns eigentlich alle sehr gut hier. Es ist am einfachsten, wenn man allen ohne _______ urteile[9] begegnet. Toleranz ist ganz wichtig.

3 **Was passt zusammen? Verbinden Sie.**

1 erziehungs	A erziehend
2 berufs	B kulturell
3 multi	C tätig
4 allein	D berechtigt

4 **Was ist das Thema? Kreuzen Sie an.**

Der Mann spricht über

1 ○ Migrationshintergründe.
  ○ Minderheiten.

2 ○ Erziehungsberechtigte.
  ○ Toleranz.

3 ○ Einzelkinder.
  ○ Geschlechterrollen.

4 ○ die Mutter-Kind-Beziehung.
  ○ die Vaterrolle.

5 Lösen Sie das Rätsel und finden Sie das Lösungswort.

1 ein anderes Wort für „teilnehmen“ oder „mitmachen“: ...
2 der Bruder oder die Schwester ist das ...
3 eine Gruppe mit Menschen aus verschiedenen Kulturen ist ...
4 Wer andere Meinungen und Lebensweisen akzeptiert, zeigt ...
5 jemand, der für Kinder ein Vorbild sein kann, ist ein ...
6 jemand, der keine Geschwister hat
7 eine enge Beziehung ist eine ...
8 das Recht eines Erziehungsberechtigten, für ein Kind zu sorgen, ist das ...
9 eine Meinung, die man nicht geprüft hat

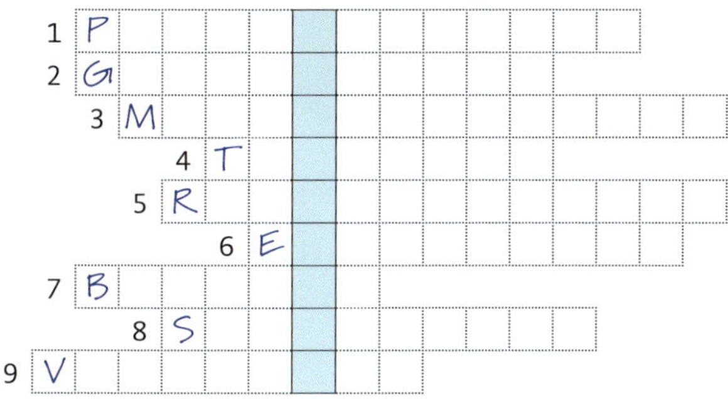

Lösung: ....

6 Welche Familiensituationen gibt es in Ihrer Einrichtung? Beschreiben Sie.

Lernwortschatz

alleinerziehend ....
berufstätig ....
die Bindung,-en ....
das Einzelkind, -er ....
der/die Erziehungsberechtigte, –/die -n ....
die Geschlechterrolle, -n ....
das Geschwister, – (fachsprachlich, allgemeinsprachlich nur Pl.) ....
der Migrationshintergrund, ¨-e ....
die Minderheit, -en ....
multikulturell ....
die Mutter-Kind-Beziehung, -en ....
partizipieren, hat partizipiert ....
die Patchwork-Familie, -n ....
die Religionszugehörigkeit, -en ....
das Rollenvorbild, -er ....
das Sorgerecht (Sg.) ....
die Toleranz (Sg.) ....
die Vaterrolle, -n ....
das Vorurteil, -e ....
der Zwilling, -e ....

12 Gruppen und ihre Rituale

1 Was passt? Sortieren Sie.

das Begrüßungsritual | der Jahreskreis | die Jahreszeit | die Monate | der Morgenkreis | der Stuhlkreis

2 Was ist richtig? Hören Sie und kreuzen Sie an.

1 Gruppenübergreifende Aktivitäten finden ... statt.
- a ◯ regelmäßig
- b ◯ einmal im Monat
- c ◯ gar nicht

Sie werden für die Kinder ...
- d ◯ zu einem Problem.
- e ◯ zu einer Gewohnheit.
- f ◯ zu einem Begrüßungsritual.

2 Die Gruppen sollen ... sein.
- a ◯ homogen
- b ◯ so heterogen wie möglich
- c ◯ nicht zu heterogen

Die Gruppendynamik ist ... besonders gut.
- d ◯ in Peergroups
- e ◯ bei einer Altersmischung
- f ◯ im Stuhlkreis

3 Im Kita-Alltag gibt es ...
- a ◯ immer einen anderen Tagesablauf.
- b ◯ jede Woche neue Routinen.
- c ◯ viele Rituale.

Die Gruppenleitung organisiert ...
- d ◯ den Jahreskreis.
- e ◯ die Stuhlkreise.
- f ◯ alle Aufgaben.

4 Eine große Rolle spielt in der Kita das Thema ...
- a ◯ Jahreszeiten.
- b ◯ Alter.
- c ◯ Alltag.

Die Angebote sind ...
- d ◯ für alle Kinder gleich.
- e ◯ jeden Morgen neu.
- f ◯ je nach Alter unterschiedlich.

3 Bilden Sie Wörter.

1 die Begrüßung + das Ritual = ...

2 das Jahr + die Zeit = ...

3 die Gruppe + die Dynamik = ...

4 das Alter + die Mischung = ...

5 der Tag + der Ablauf = ...

4 Wie kann man das auch sagen? Verbinden Sie.

1	nicht homogen	A	regelmäßig
2	zusammen	B	altersspezifisch
3	je nach Alter	C	gleichaltrig
4	immer wieder	D	gemeinsam
5	im gleichen Alter	E	heterogen

5 Was passt nicht? Streichen Sie.

1 der Stuhlkreis – die Gruppendynamik – das Begrüßungsritual – der Morgenkreis
2 das Ritual – die Gewohnheit – die Routine – die Gruppenleitung
3 die Altersmischung – der Tagesablauf – der Rhythmus – der Alltag
4 die Peergroup – der Jahreskreis – homogene Gruppe – gleichaltrige Kinder

6 Bilden Sie Wörter und ergänzen Sie.

alters | fische | genen | Grup | hetero | Jahres | kreis | leitung | mus | pen | Ri | Rhyth | spezi | Stuhl | tual | zeiten

1 Die .... hat die Verantwortung für die Gruppe. Sie leitet zum Beispiel den Morgenkreis.
2 Die .... (Frühling, Sommer, Herbst und Winter) geben auch in der Kita einen regelmäßigen .... vor.
3 Der .... ist ein wichtiges .... im Tagesablauf.
4 Besonders in .... Gruppen ist es wichtig, ... Angebote zu machen.

7 Welche Rituale sind Ihnen bei Ihrer Arbeit besonders wichtig? Notieren Sie.

Lernwortschatz

der Alltag, -e ....
die Altersmischung, -en ....
altersspezifisch ....
das Begrüßungsritual, -e ....
gemeinsam ....
die Gewohnheit, -en ....
gleichaltrig ....
die Gruppendynamik, -n ....
die Gruppenleitung, -n ....
gruppenübergreifend ....
heterogen ....
homogen ....
der Jahreskreis (Sg.) ....
die Jahreszeit, -en ....
der Morgenkreis, -e ....
die Peergroup, -s ....
regelmäßig ....
der Rhythmus, Rhythmen ....
das Ritual, -e ....
die Routine, -n ....
der Stuhlkreis, -e ....
der Tagesablauf, ⸚e ....

13 Spielen

1 **Finden Sie sechs Wörter und beschriften Sie die Bilder mit Artikel.**

VJQGIKDWIPPEBKDQWÖCNPUPPEBJXHGQKLETTERGERÜSTLHQOUBCÖQKSANDKASTENGWDG KGHDJGRUTSCHEKKJAJGKJSCHAUKELBKJGQOÖQMNFL

1 ....

2 ....

3 ....

4 ....

5 ....

6 ....

2 **Spiele – Verbinden Sie.**

A Fangen B Fingerspiel C Verstecken D Rollenspiel E Gesellschaftsspiel

3 **Hören und ergänzen Sie.**

▲ Was haben die Kinder heute gemacht?

◆ Wir waren auf dem neuen Spielplatz. Die Kinder hatten viel Spaß. Dort kann man wirklich gut .... [1] und .... [2]. Auf der Rutsche haben sich drei Kinder gestritten. Es fällt ihnen schwer, abzuwarten und .... [3] zu rutschen. Leider konnte man heute nicht .... [4], weil die Schaukel kaputt war. Einige Kinder haben im .... [5] gespielt. Am Ende haben wir alle .... [6] gespielt, bis wir zurück in die Kita gehen mussten.

4 **Schreiben Sie die Wörter richtig.**

1 ◆ Hast du Lust, den Ball zu .... (gnfane)?
▲ Nein, ich möchte mich lieber .... (ekrvsentce)! Und du sollst mich suchen.

2 ▲ Ich möchte aber lieber mit meiner .... (pePup) spielen.
◆ Das ist doch langweilig. Dann gehe ich jetzt .... (hscelnauk).

3 ▲ Ich will nicht .... (ternklet). Ich habe Angst.
◆ Aber das Klettergerüst ist doch nicht hoch. ... Willst du lieber .... (schenrut)?

5 Was passt zusammen? Verbinden Sie.

1	das Spiel	A	kamerad
2	die Fantasie	B	kasten
3	der Sand	C	freundin
4	der Spiel	D	gerüst
5	der Puppen	E	verhalten
6	das Kletter	F	wagen

6 Was gehört zusammen? Finden Sie fünf Paare.

der Fantasiefreund | der Sandkasten | der Puppenwagen | das Rollenspiel | die Wippe

1 die Puppe und ……………………
2 der Sand und ……………………
3 die Schaukel und ……………………
4 der Spielkamerad und ……………………
5 das Fingerspiel und ……………………

7 Wie kann man das auch sagen? Ergänzen Sie.

1 Ein Spiel, bei dem man kleine Puppen an den Fingerspitzen hat, ist ein F……………spiel.
2 Ein Freund, den es in Wirklichkeit gar nicht gibt, ist ein: F……………freund.
3 Ein Spiel wie Uno oder Monopoly ist ein G……………spiel.
4 Ein Mädchen, mit dem man gern spielt, ist eine Spiel…………….
5 Ein Spiel, bei dem so tut, als wäre man eine andere Person, heißt R……………spiel.

8 Welche Spiele machen Sie mit Kindern besonders gern? Warum? Machen Sie Notizen.

Lernwortschatz

fangen, hat gefangen ……………………
das Fangen (Sg.), Fangen spielen, hat Fangen gespielt ……………………
der Fantasiefreund, -e / die Fantasiefreundin, -nen ……………………
das Fingerspiel, -e ……………………
das Gesellschaftsspiel, -e ……………………
das Klettergerüst, -e ……………………
klettern, ist geklettert ……………………
nacheinander ……………………
die Puppe, -n ……………………
der Puppenwagen, – ……………………
das Rollenspiel, -e ……………………

die Rutsche, -n ……………………
rutschen, ist gerutscht ……………………
der Sand (Sg.) ……………………
der Sandkasten, ¨ ……………………
die Schaukel, -n ……………………
schaukeln, hat geschaukelt ……………………
der Spielkamerad, -en / die Spielkameradin, -nen ……………………
das Spielverhalten (Sg.) ……………………
verstecken, hat versteckt ……………………
das Verstecken (Sg.) ……………………
die Wippe, -n ……………………

14 Basteln, Malen und Vorlesen

1 Welche Wörter hören Sie? Kreuzen Sie an.

1 ○ das Mobile
2 ○ gestalten
3 ○ kindgerecht
4 ○ das Bastelmaterial
5 ○ nacherzählen
6 ○ die Schablone
7 ○ die Maske
8 ○ ausmalen
9 ○ die Fantasie

2 Schreiben Sie die Wörter richtig.

1 .... (tenaLer)

2 .... (beMilo)

3 .... (Sbehanlco)

4 .... (bKelre)

5 .... (eKitrles)

6 .... (sMeka)

3 Bilden Sie Wörter und notieren Sie mit Artikel.

1 malen + der Tisch = ...
2 basteln + das Material = ...
3 die Bilder + das Buch = ...
4 der Finger + die Farbe = ...
5 malen + der Kittel = ...
6 die Seife + die Blase = ...

4 Was passt nicht? Streichen Sie.

1 **malen**: der Malkittel – die Fingerfarbe – der Kleister – der Maltisch
2 **kleben**: der Kleister – die Fantasie – der Kleber – das Klebeband
3 **plastizieren**: das Bastelmaterial – die Maske – die Hände – das Bilderbuch
4 **zeichnen**: der Kleber – die Schablone – der Stift – das Papier
5 **gestalten**: die Seifenblase – die Fantasie – der Stift – das Bastelmaterial

5 Verbinden und schreiben Sie.

ausmalen
2 aus einem Buch
anschauen
basteln
nacherzählen
4 ein Bilderbuch
5 ein Bild bunt
1 eine Geschichte kindgerecht
6 eine Laterne
vorlesen
kritzeln
3 auf einem Zettel

1 ....
2 ....
3 ....
4 ....
5 ....
6 ....

6 **Bilden Sie Wörter und ergänzen Sie.**

aus | krit | le | len | ma | plas | ren | sen | ti | vor | zeln | zie

1 laut (für andere) lesen
= ....

2 mit den Händen gestalten
= ....

3 etwas bunt machen
= ....

4 mit einem Stift ohne Ziel Linien, Kreise, ... malen = ...

7 **Kindgerechtes Basteln: Was basteln Sie gern mit Kindern und welches Alter sollten die Kinder dafür haben? Machen Sie Notizen.**

Lernwortschatz

ausmalen, hat ausgemalt ....
das Bastelmaterial, -ien ....
das Bilderbuch, ¨-er ....
die Fantasie, -n ....
die Fingerfarbe, -n ....
gestalten, hat gestaltet ....
kindgerecht ....
das Klebeband, ¨-er ....
der Kleber, – ....
der Kleister, – ....
kritzeln, hat gekritzelt ....

die Laterne, -n ....
der Malkittel, – ....
der Maltisch, -e ....
die Maske, -n ....
das Mobile, -s ....
nacherzählen, hat nacherzählt ....
....
plastizieren, hat plastiziert ....
die Schablone, -n ....
die Seifenblase, -n ....
vorlesen, hat vorgelesen ....

15 Draußen unterwegs

1 Finden Sie neun Wörter und beschriften Sie die Bilder.

H	B	J	K	S	Ö	Q	F	M	M	L	X	V
D	F	A	N	O	R	A	K	Z	A	D	T	G
G	H	T	Ä	N	E	D	N	A	T	H	U	I
W	K	U	G	N	G	F	O	L	S	G	R	K
P	Ö	R	Q	E	E	X	P	M	C	B	N	B
Y	R	N	C	N	N	Q	F	O	H	V	B	L
X	T	S	B	H	S	A	H	J	H	Y	E	H
V	E	C	K	U	C	F	Ö	S	O	Z	U	R
O	F	H	N	T	H	H	L	X	S	P	T	W
K	G	U	M	M	I	S	T	I	E	F	E	L
S	C	H	N	Ü	R	S	E	N	K	E	L	V
M	B	X	V	V	M	K	P	M	C	O	J	N

1 die ....

2 der ....

3 der ....

4 der ....

5 der ....

6 der T..........

7 der ....

8 der ....

9 der S..........

2 Wie kann man das auch sagen? Verbinden Sie.

1 Du hast gar keine Socken an.
2 Ist dir nicht kalt?
3 Dein rechter Schuh ist nicht zu.
4 Ziehst du bitte deine Jacke aus?
5 Der Sand ist noch feucht.

A Der Schnürsenkel ist offen.
B Du läufst ja barfuß.
C Hier brauchst du den Anorak nicht.
D Wir warten, bis der Sandkasten trocken ist.
E Frierst du nicht?

3 Ergänzen Sie. (Nicht alles passt.)

Gummistiefel | Matsch | Matschhose | Regenbogen | Sonnencreme | Sonnenschirm | Strumpfhose | Unterhemd | Unterhose

Vorsicht, ...[1]!
Morgen ist Waldtag!
Es hat in den letzten Tagen viel geregnet.
Darum brauchen die Kinder ....[2]!

Die ....[3]-Gruppe macht morgen einen Ausflug. Es soll heiß werden.
Bitte bringen Sie ....[4] mit.

Bitte achten Sie darauf, dass Sie uns für Ihr Kind immer eine Extra-..........[5] und eine Extra-..........[6] in der Kita lassen.

4 Was ist richtig? Hören Sie und kreuzen Sie an.

1 a Beim Ausflug wird es ○ heiß. ○ feucht.
b Die Kinder brauchen ○ eine Jacke ○ einen Sonnenhut.
2 a Die Kinder sollen ○ eine Strumpfhose ○ eine Matschhose mitbringen.
b Wer keine Gummistiefel dabei hat, braucht auch ○ trockene Schuhe ○ trockene Socken.
3 a Die Hose ist kaputt, weil ○ sie ein Loch hat. ○ ein Knopf fehlt.
b Der Vater soll seinem Sohn lieber ○ eine Strumpfhose ○ Socken anziehen.
4 a Die Kinder brauchen morgen ○ Turnbeutel. ○ Schnürsenkel.
b Michaels ○ Turnbeutel ○ Turnschuhe sind weg.

5 Bilden Sie Wörter und ergänzen Sie.

bar cre fuß gen hemd kel ken nen nen me Re
schirm schirm Schnür sen Soc Son Son ter Un

1 Es ist ganz schön warm hier. Willst du lieber Schuhe und ………… ausziehen und dann ………… laufen?
2 Warte, so kannst du nicht laufen. Das ist gefährlich. Ich mache dir schnell die ………… zu.
3 Ihr sollt nicht frieren. Darum ist es besser, wenn ihr für den Spaziergang ein ………… anhabt.
4 Bitte mach den ………… erst draußen auf. Im Flur regnet es doch gar nicht.
5 Es ist wichtig, dass ihr ………… benutzt, wenn ihr im Sommer länger draußen seid. Oder ihr bleibt unter dem …………. Das geht natürlich auch.

6 Sie planen einen Ausflug mit einer Gruppe von Kindern. Was sollen die Kinder anziehen bzw. mitbringen? Machen Sie Notizen.

Lernwortschatz

der Anorak, -s …………
barfuß …………
feucht …………
frieren, hat gefroren …………
der Gummistiefel, – …………
der Knopf, ¨-e …………
der Matsch (Sg.) …………
die Matschhose, -n …………
der Regenbogen, – oder ¨ …………
der Regenschirm, -e …………
der Schnürsenkel, – …………
die Socke, -n …………
die Sonnencreme, -s …………
der Sonnenhut, ¨-e …………
der Sonnenschirm, -e …………
die Strumpfhose, -n …………
der Turnbeutel, – …………
der Turnschuh, -e …………
das Unterhemd, -en …………
die Unterhose, -n …………

16 Bewegung und Motorik

1 Finden Sie sieben Wörter und ergänzen Sie.

HDWOINJGREIFENHKJNLQÜANXALKJLNBKHAMPELMANNHKJGZWQGVKVBHOCKEAJGBMAGQSJ
ÖBPQKHÜPFENGKAGAJKHJBALANCIERENJKLHSKJGHKQWINKENGJFASKPINZETTENGRIFFJQHSK

1 Babys lernen ab dem 3. Monat, nach Gegenständen zu .... Ungefähr mit neun Monaten können sie den ....
2 Frühestens ab dem 7. Monat .... kleine Kinder zum Abschied.
3 Mit etwa 18 Monaten sitzen und spielen Kinder gern in der ....
4 Mit etwa 2,5 Jahren können Kinder .... , ohne hinzufallen.
5 Viele Kinder haben Probleme, das Gleichgewicht zu halten. Darum sollten sie viel .... Kindern ab ca. 3,5 Jahren kann man das regelmäßig anbieten.
6 3,5 Jahre ist auch das richtige Alter, um einen Bewegungsablauf wie den .... zu üben.

2 Was ist richtig? Kreuzen Sie an.

1 Die Erzieherin macht regelmäßig Übungen ◯ für das Gleichgewicht. ◯ für mehr Tempo.
2 Die Erzieherin empfiehlt ◯ kein Spielzeug ◯ Motorikschleifen für die Feinmotorik.
3 Der Vater glaubt, dass der Sohn ◯ Rechtshänder ◯ Linkshänder ist.
4 Der Vater fragt, ob das Kind besser ◯ in der Hocke ◯ in einem Stuhl sitzt.

3 Ergänzen Sie. (Nicht alles passt.)

bewegen | Bewegung | Bewegungsabläufe | Feinmotorik | Grobmotorik | hüpfen | Körperbewusstsein | Motorik | Motorikschleife | Rechtshänderin | Tempo | Zusammenhang

Was ist „Motorik“?

Unter ....[1] versteht man alle Aktionen der Muskeln, also die ....[2] des Körpers. Man unterscheidet dabei zwei Arten von Motorik.
Zur ....[3] gehören Bewegungsabläufe, die den ganzen Körper ....[4], also zum Beispiel: gehen, balancieren und ....[5]. Dafür spielen das ....[6] und ein gut entwickeltes Gleichgewicht eine wichtige Rolle.
Zur ....[7] zählen vor allem die ....[8] der Hand und Finger sowie der Muskeln im Gesicht.
Es gibt einen ....[9] zwischen der motorischen und sozialen Entwicklung des Kindes.

4 Wie kann man das anders sagen? Finden Sie Wörter und ergänzen Sie.

ab | fen | ge | grei | ken | lauf | mo | po | risch | schickt | Tem | to | win

1 im Zusammenhang mit der Motorik = m..........
2 etwas mit den Fingern nehmen = etwas g..........
3 die Geschwindigkeit = das T..........
4 mit guter Feinmotorik = g..........
5 eine Reihe von Bewegungen, die zusammengehören = der Bewegungs..........
6 mit einer Handbewegung grüßen = w..........

5 Was passt? Verbinden Sie.

1 eine Rechts	A händer
2 ein Links	B motorik
3 der Bewegungs	C bewusstsein
4 die Fein	D händerin
5 das Körper	E ablauf

6 Finden Sie Wörter und sortieren Sie.

anerlacbein | giwheGlcihect | rfegine | pnhüfe
sMoritikeoclehf | nokemiFotri | nampHealmn | nzffetPitengri

der ganze Körper	vor allem die Hände / Finger

7 Wie achten Sie darauf, dass sich die Kinder viel bewegen? Machen Sie Notizen.

Lernwortschatz

balancieren, hat balanciert ....
bewegen, hat bewegt ....
die Bewegung, -en ....
der Bewegungsablauf, ¨-e ....
die Feinmotorik (Sg.) ....
geschickt ....
das Gleichgewicht (Sg.) ....
greifen, hat gegriffen ....
die Grobmotorik (Sg.) ....
der Hampelmann, ¨-er ....
die Hocke (Sg.) ....
hüpfen, ist gehüpft ....

das Körperbewusstsein (Sg.) ....
der Linkshänder, – / die Linkshänderin, -nen ....
die Motorik (Sg.) ....
die Motorikschleife, -n ....
motorisch ....
der Pinzettengriff, -e ....
der Rechtshänder, – / die Rechtshänderin, -nen ....
das Tempo (hier Sg.) ....
winken, hat gewinkt / hat gewunken ....
der Zusammenhang, ¨-e ....

17 Säuglinge und Kleinkinder

1 Schreiben Sie die Wörter in der zeitlichen Reihenfolge auf.

das Baby | das Kleinkind | das Neugeborene | der Säugling | das Vorschulkind

1 .... 2 .... 3 ....
4 .... 5 ....

2 Schreiben Sie die Wörter richtig.

1 .... (enbrob)

2 .... (eramlstpn)

3 .... (enchkrie)

4 .... (bkranbel)

5 .... (ebißne)

6 sich .... (haestfenlt)

7 .... (ilstenl)

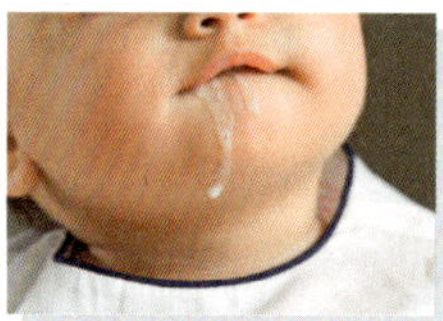

8 .... (ckneusp)

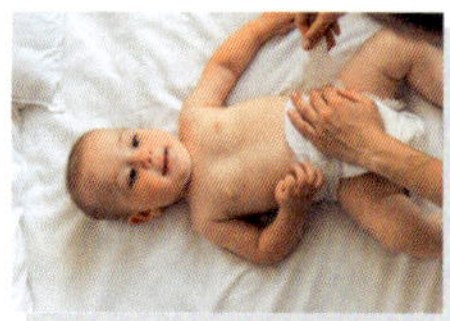

9 .... (cklenwi)

3 Bilden Sie Wörter.

1 tragen + das Tuch = ...
2 beißen + der Ring = ...
3 wickeln + die Auflage = ...
4 die Windel + der Eimer = ...
5 klein + das Kind = ...
6 wechseln + die Wäsche
= ....
7 tragen + der Gurt = ...

4 Was ist richtig? Hören Sie und kreuzen Sie an.

1 Im Kindergarten sind ...
a ◯ etwa 10 Neugeborene und Säuglinge.
b ◯ 45 Kleinkinder und Vorschulkinder.
c ◯ 45 Vorschulkinder.

2 Die Mutter soll ... mitbringen.
a ◯ Windeln
b ◯ Spucktücher
c ◯ Strampler

3 Das Kind ...
a ◯ kann noch gestillt werden.
b ◯ muss laufen können.
c ◯ muss abgestillt werden.

4 Das Kind ...
a ◯ hält die Windel fest.
b ◯ strampelt beim Wickeln stark.
c ◯ kriecht schnell auf die Wickelauflage.

5 Wie kann man das auch sagen? Verbinden Sie.

1 anfangen zu laufen
2 die Windeln wechseln
3 die Beine in der Luft bewegen
4 sich auf dem Bauch fortbewegen
5 sich auf Händen und Knien fortbewegen
6 aufhören, ein Baby mit der Brust zu füttern

A strampeln
B krabbeln
C die ersten Schritte machen
D robben
E abstillen
F ein Baby wickeln

6 Lösen Sie das Rätsel und finden Sie das Lösungswort (ß = SS).

1				B				■					
2	W							■					
3					T			■					
4		S						■					
5	W							■					
6						W		■					
7			T					■					

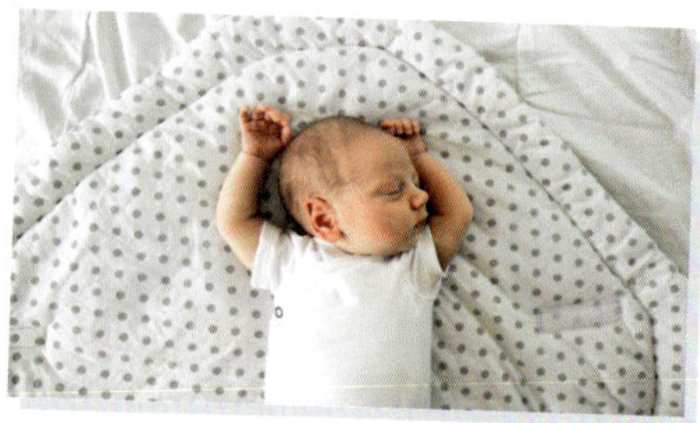

Lösung: der ....

7 Was gehört alles zur Betreuung von Säuglingen dazu? Machen Sie Notizen.

Lernwortschatz

abstillen, hat abgestillt ....
beißen, hat gebissen ....
der Beißring, -e ....
sich an etwas festhalten, hat sich festgehalten ....
....
das Kleinkind, -er ....
krabbeln, ist gekrabbelt ....
kriechen, ist gekrochen ....
das Neugeborene, – / die Neugeborenen ....
robben, ist gerobbt ....
der Säugling, -e / das Baby, -s ....
der Schritt, -e ....
spucken, hat gespuckt ....
stillen, hat gestillt ....
strampeln, hat gestrampelt ....
der Strampler, – ....
der Tragegurt, -e ....
das Tragetuch, ¨-er ....
das Vorschulkind, -er ....
die Wechselwäsche (Sg.) ....
die Wickelauflage, -n ....
wickeln, hat gewickelt ....
die Windel, -n ....
der Windeleimer, – ....

18 Mittagsschlaf

1 Finden Sie fünf Wörter und beschriften Sie die Bilder.

D	F	H	J	M	K	L	P	Ü	W
S	C	H	L	A	F	S	A	C	K
F	T	K	U	T	P	J	H	Q	F
Z	I	R	K	R	L	M	W	U	B
S	C	H	L	A	F	L	I	E	D
G	Z	Ü	T	T	H	B	E	T	N
S	G	L	W	Z	E	V	G	F	J
V	L	A	K	E	N	X	E	C	Y

1 ....

2 ....

3 ....

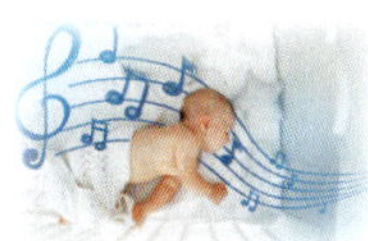

4 ....

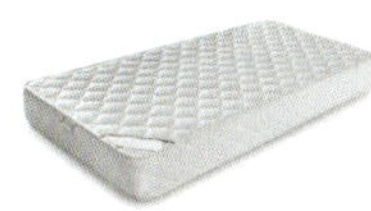

5 ....

2 Wie kann man das auch sagen? Verbinden Sie.

1 Mein Kind ist hellwach.
2 Mein Kind ist jetzt müde.
3 Mein Kind dreht sich in der Wiege.
4 Ich weiß, wie mein Kind schnell einschläft.
5 Mein Kind schläft sehr schlecht.

A Mein Kind hat das Bedürfnis zu schlafen.
B Ich kenne eine Methode, die beim Einschlafen hilft.
C Mein Kind hat Schlafstörungen.
D Mein Kind ist ganz wach.
E Mein Kind wechselt die Lage vom Bauch auf den Rücken.

3 Was ist richtig? Hören Sie und kreuzen Sie an.

1 Die Erzieherin fragt, ob ...
- a ○ Simone schon durchschläft.
- b ○ Simone gerade aufgewacht ist.
- c ○ sie Simone aufwecken soll.

2 Laurin und Veronika ...
- a ○ schreien schon den ganzen Tag.
- b ○ quengeln heute viel.
- c ○ schlafen sonst durch.

3 Felix ...
- a ○ schläft nicht mehr gern in der Wiege.
- b ○ wacht immer auf dem Bauch auf.
- c ○ dreht sich immer auf den Rücken.

4 Maja ...
- a ○ schreit nachts sehr laut.
- b ○ schläft leider noch nicht durch.
- c ○ wacht morgens als Erste auf.

4 Ergänzen Sie. (Nicht alles passt.)

Albträume | aufwachen | aufwecken | Bedürfnis | durchschlafen | hellwach | Methode | Mittagsschlaf | Schlafmangel | Schlafstörungen | Schlafwache | Wiege

1 ◆ Ihr Kind quengelt sehr oft. Schläft es vielleicht zu wenig?
○ Sie glauben, mein Kind hat ....? Das kann ich mir eigentlich nicht vorstellen. Es schläft sehr ruhig und auch viel.

2 ◆ Ihr Kind hat schlecht geträumt. Hat es oft ....?
○ Ja, in letzter Zeit leider schon. Manchmal schreit es im Traum. Soll ich es dann ....?

3 ◆ Der Tag in der Kita ist sehr lang. Darum ist der .... für die Kinder sehr wichtig. Die meisten Kinder haben das ...., mittags zu schlafen.
○ Ja, aber leider ist mein Sohn dann abends .... und hat keine Lust, ins Bett zu gehen.

4 ◆ Gibt es in der Kita eine .... für die Mittagsruhe?
○ Nein, es sitzt keine Erzieherin in dem Raum, wo die Kinder schlafen. Wir nutzen ein Babyphone.

5 ◆ Ab wann sollten Kinder denn nachts ....?
○ Ach, das kann man so allgemein nicht sagen. Sie müssen sich keine Sorgen machen, wenn Ihre Kinder nicht gut einschlafen können oder nachts manchmal ....
Das heißt noch nicht, dass sie .... haben.

5 Schreiben Sie die Wörter richtig und ergänzen Sie.

cfsahl | gmenla | heru | idel | nugsört

1 die Mittags..................
2 die Schlaf..................
3 der Schlaf..................
4 der Mittags..................
5 das Schlaf..................

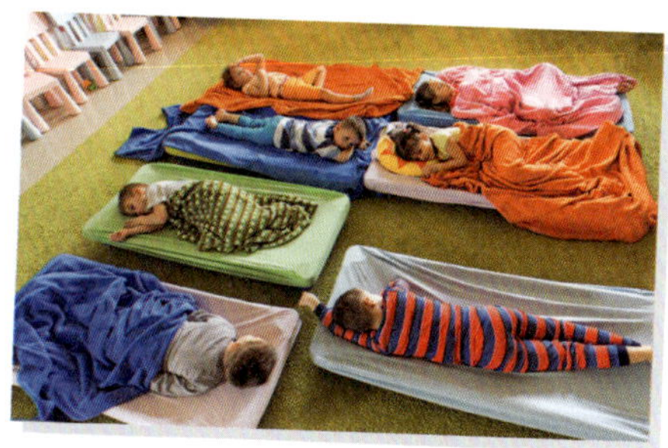

6 Wie ist der Mittagsschlaf in Ihrer Einrichtung organisiert? Was sind dabei Ihre Aufgaben? Machen Sie Notizen.

Lernwortschatz

der Albtraum, ¨-e ....
aufwachen, ist aufgewacht ....
aufwecken, hat aufgeweckt ....
das Bedürfnis, -se ....
drehen, hat gedreht ....
durchschlafen, hat durchgeschlafen ....
hellwach ....
das Laken, – ....
die Matratze, -n ....
die Methode, -n ....
die Mittagsruhe (Sg.) ....
der Mittagsschlaf (Sg.) ....
quengeln, hat gequengelt ....
das Schlaflied, -er ....
der Schlafmangel (Sg.) ....
der Schlafsack, ¨-e ....
die Schlafstörung, -en ....
die Schlafwache, -n ....
schreien, hat geschrien ....
die Wiege, -n ....

19 Ernährung

1 Was passt nicht? Streichen Sie.

1 **die Mahlzeit:** das Frühstück – das Mittagessen – das Abendessen – der Appetit
2 **trinken:** die Verdauung – die Trinkflasche – das Fläschchen – der Becher
3 **zu viel Gewicht:** fettleibig – dick – der Brei – die Adipositas
4 **Probleme:** die Allergie – die Laktoseintoleranz – allergisch – die Ernährung

2 Hören und ergänzen Sie.

Eine gute ………………… [1] ist für Kinder sehr wichtig. Wir achten darauf, dass wir den Kindern gesunde ………………… [2] anbieten. Wasser und Tee ohne Zucker stehen den ganzen Tag bereit, falls die Kinder ………………… [3] sind.
Wir versuchen, gesunde Essgewohnheiten zu vermitteln. Die Mahlzeit beginnt immer mit einem gemeinsamen ………………… [4] und wir wünschen uns allen „Guten ………………… [5]“. Die Erzieherinnen und Erzieher sind auch beim Essen ein Vorbild. Sie motivieren die Kinder, auch unbekannte Lebensmittel zu probieren. Natürlich achten wir auch darauf, ob ein Kind eine ………………… [6] hat. Meistens regulieren sich Probleme mit der Ernährung und ………………… [7] ja leider nicht von selbst.

3 Bilden Sie Wörter und ergänzen Sie.

Adi | Brei | chen | Fläsch | flasche | in | Lak | posi | ranz | spruch | tas | Tisch | tole | tose | Trink

1 der …………………

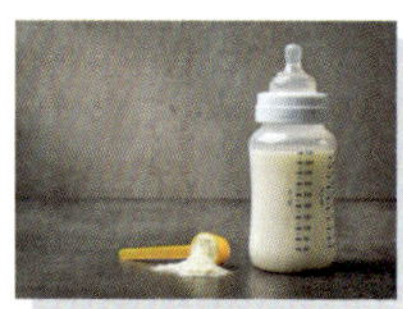

2 das …………………

3 die …………………

4 der …………………

5 die …………………

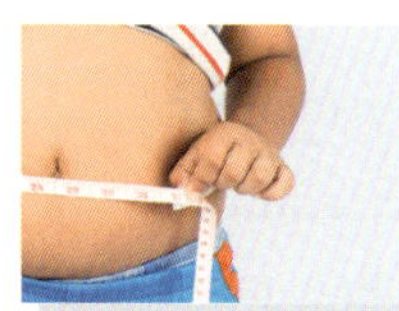

6 die …………………

4 Wie kann man das auch sagen? Verbinden Sie.

1 Ich habe Durst.
2 Ich habe eine Allergie.
3 Ich habe Lust, etwas zu essen.
4 Ich gebe dir den Brei.
5 Ich schütte Wasser für dich ins Fläschchen.

A Ich füttere dich.
B Ich gebe dir etwas zu trinken.
C Ich habe Appetit.
D Ich bin durstig.
E Ich reagiere allergisch.

5 Verbinden und schreiben Sie.

füttern | 4 nach dem Essen den Tisch | trinken | haben | 2 Wasser in einen Becher | verdauen | 3 auf etwas Appetit | 1 eine Mahlzeit | abräumen | 5 ein Kind mit Brei | 6 aus dem Fläschchen | schütten

1 ....
2 ....
3 ....
4 ....
5 ....
6 ....

6 Bilden Sie Wörter.

1 die Laktose + die Intoleranz = ...
2 essen + die Gewohnheit = ...
3 der Tisch + der Spruch = ...
4 trinken + die Flasche = ...

7 Wie heißt das Gegenteil? Schreiben Sie die Wörter richtig und ergänzen Sie.

glahlecris | tigdurs | meräbuna | ngureleire | tifelgebit

1 keinen Durst haben – .... sein
2 den Tisch decken – den Tisch ....
3 sehr dünn sein – .... sein
4 etwas gut essen können – gegen etwas .... sein
5 etwas in Unordnung bringen – etwas ....

8 Was sind gute Essgewohnheiten? Machen Sie Notizen.

Lernwortschatz

abräumen, hat abgeräumt ....
die Adipositas, – ....
die Allergie, -n ....
allergisch ....
der Appetit (Sg.) ....
auf etwas Appetit haben ....
der Brei, -e ....
durstig ....
die Ernährung (Sg.) ....
die Essgewohnheit, -en ....
fettleibig ....
das Fläschchen, – ....
füttern, hat gefüttert ....
Guten Appetit! ....
die Laktoseintoleranz, -en ....
die Mahlzeit, -en ....
regulieren, hat reguliert ....
schütten, hat geschüttet ....
der Tischspruch, ¨-e ....
die Trinkflasche, -n ....
verdauen, hat verdaut ....
die Verdauung (Sg.) ....

20 Der Körper

1 Schreiben Sie die Wörter richtig.

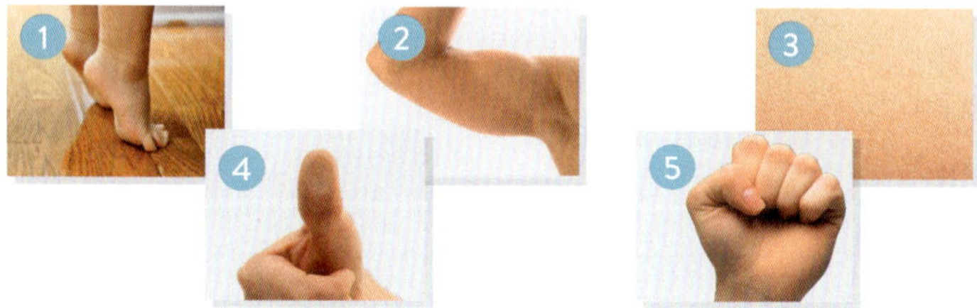

1 die ....spitze (eZnhe)
2 der .... (keMlus)
3 die .... (tuHa)
4 der .... (manuDe)
5 die .... (suFta)

2 Finden Sie fünf Verben und beschriften Sie die Bilder. (Nicht alles passt.)

BJVXPOPELNQHOPQLSWACKELNWDÖBCSTARRENPVBVGWHZAHNENMNQOSFAJSCHIELENHDQ

 1 ....

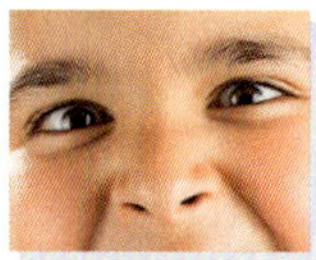 2 ....

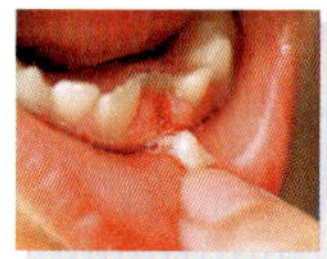 3 ....

3 Finden Sie Wörter und ergänzen Sie.

cke | ckeln | de | hen | keln | len | lü | Milch | Mus | ne | peln | po | ren | Schei | schie | spit | star | wa | Zahn | zäh | Ze | zen

1 Wenn ein Baby zahnt, dann bekommt es seine ersten Zähne, die ....
2 Wenn Zähne nicht mehr fest sind, dann .... sie.
3 Wenn ein Zahn fehlt, dann sieht man eine ....
4 Wenn Kinder mit dem Finger in der Nase bohren, dann .... sie.
5 Wenn die Augen nicht in die gleiche Richtung schauen, dann heißt das ....
6 Wenn Kinder die Augen kaum bewegen, dann .... sie.
7 Wenn ein Kind sich groß machen will, stellt es sich auf die ....
8 Wenn jemand sehr sportlich ist, hat er viele ....
9 Wenn man „Vagina" meint, kann man auch „......................................" sagen.

4 Ergänzen Sie. (Nicht alles passt.) Hören Sie dann und kontrollieren Sie.

Haut | Knie | Penis | Muskel | Selbstbefriedigung | Sexualität | Vagina | Zehenspitzen

◆ Darf ist Sie etwas fragen?
○ Ja, natürlich.
◆ Es geht um das Thema ....[1]. Ist das bei Kindern normal?
○ Ja, viele Kinder machen das. Meistens beginnt das ab dem zweiten Lebensjahr. Die Kinder entdecken ihren Körper und ihre ....[2].
◆ Fassen die Kinder sich dabei am ....[3] oder an der Scheide an?
○ Ja, einige tun das.
◆ Wie soll ich denn reagieren, wenn meine Tochter in der Öffentlichkeit ihre ....[4] auf einem Stofftier hin und her bewegt?
○ Sie können dem Kind sagen, dass das sehr privat ist und man das macht, wenn man allein ist. Das sagen wir in der Kita auch so.

5 Was ist richtig? Kreuzen Sie an.

1 ◆ Tom kommt im Herbst in die Schule. Er verliert schon seine ○ Milchzähne. ○ Muskeln.
○ Stimmt. Und er sieht mit seinen ○ Fäusten ○ Zahnlücken sehr niedlich aus.

2 ◆ Eva, hörst du bitte auf zu popeln!
○ Ja, aber hier ist ein ganz dicker ○ Popel. ○ Daumen. Guck mal!
◆ Komm wir gehen jetzt erstmal Händewaschen!

3 ◆ Sven, komm mal aus der Sonne raus. Deine ○ Zehenspitze ○ Haut ist im Gesicht schon ein bisschen rot.
○ Haben wir denn keine Sonnencreme?

4 ◆ Was ist los? Warum weinst du?
○ Ich bin auf mein Bein gefallen. Mein ○ Knie ○ Scheide tut total weh.

5 ◆ Wenn ich groß bin, will ich viele ○ Muskeln ○ Knie haben.
○ Warum denn das?
◆ Ich möchte stark sein und alle sollen Angst vor mir haben.

6 Was gehört zusammen? Finden Sie fünf Paare.

Daumen | Faust | Knie | Selbstbefriedigung | Zehenspitzen

1 Fuß und ....
2 Bein und ....
3 Finger und ....
4 Sexualität und ....
5 Hand und ....

7 Was passt? Verbinden Sie.

1 den Daumen — A machen
2 eine Faust — B zeigen
3 auf Zehenspitzen — C wackeln
4 seine Muskeln — D hochstrecken
5 mit den Zehen — E gehen

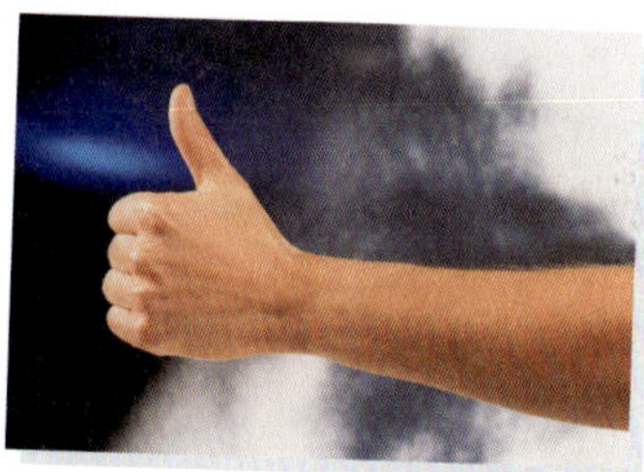

8 Wie üben Sie mit Kindern, die Körperteile zu benennen? Machen Sie Notizen.

Lernwortschatz

der Daumen, – ....
die Faust, ¨-e ....
die Haut (hier nur Sg.) ....
das Knie, – ....
der Milchzahn, ¨-e ....
der Muskel, -n ....
der Penis, -se ....
der Popel, – ....
popeln, hat gepopelt ....
die Scheide, -n ....
schielen, hat geschielt ....
die Selbstbefriedigung (Sg.) ....
....
die Sexualität (Sg.) ....
starren, hat gestarrt ....
die Vagina, Vaginen ....
wackeln, hat gewackelt ....
zahnen, hat gezahnt ....
die Zahnlücke, -n ....
die Zehenspitze, -n ....

21 Körperpflege und Hygiene

1 Was ist richtig? Kreuzen Sie an

Liebe Eltern,

wir haben Läuse festgestellt. Gemäß Infektionsschutzgesetz haben wir das Gesundheitsamt informiert.

Jetzt müssen wir schnell handeln: Untersuchen Sie bitte noch heute die Haare Ihres Kindes – und am besten auch die aller anderen Familienmitglieder. Finden Sie auch bei Ihrem Kind Kopfläuse, müssen Sie uns darüber informieren. Das Kind darf erst wieder in den Kindergarten kommen, wenn es behandelt wurde.

1 In diesem Aushang geht es um
- ○ Schaum im Haar.
- ○ Läuse.
- ○ Stuhlgang.

2 Die Eltern sollen den Kopf ihres Kindes
- ○ abwischen.
- ○ untersuchen.
- ○ desinfizieren.

3.4 Händehygiene

Die in der Küche tätigen Mitarbeiter sind angewiesen,
- bei Arbeitsbeginn und nach Pausen,
- wenn sie in die Hand gehustet oder geniest oder ein Taschentuch benutzt haben,
- nach jedem Toilettengang,
- nach dem Ablegen der Schutzhandschuhe und
- nach Arbeiten mit kritischen Rohwaren (z. B. rohes Fleisch, Geflügel, Eier)

die Hände zu desinfizieren (geeignetes Desinfektionsmittel siehe 3.5). Das Händedesinfektionsmittel wird aus geeigneten Spendersystemen entnommen.

Für spezielle Tätigkeiten (z. B. Waschen von Geflügel) stehen den Mitarbeitern geeignete Einweghandschuhe zur Verfügung.

3 Der Hygieneplan beschreibt die
- ○ Hygienevorschriften.
- ○ Desinfektionsmittel.
- ○ Zahnbürsten.

4 Es wird erklärt, wann man
- ○ seine Hände desinfiziert.
- ○ das Klo abwischt.
- ○ Windelausschlag behandelt.

5 Man erfährt, wann man
- ○ ein Feuchttuch
- ○ ein Desinfektionsmittel
- ○ einen Waschlappen

zum Reinigen verwenden soll.

2 Was passt nicht? Streichen Sie.

1 das Klo – die Toilette – das Töpfchen – die Zahnpasta
2 die Laus – das Toilettenpapier – das Feuchttuch – das Taschentuch
3 sauber machen – einkoten – abwischen – desinfizieren
4 das Waschbecken – der Wasserhahn – die Waschmaschine – der Waschlappen

3 Bilden Sie Wörter. Notieren Sie mit Artikel.

1 die Desinfektion + das Mittel = ...
2 der Zahn + die Spange = ...
3 die Hygiene + die Vorschrift = ...
4 die Windel + der Ausschlag = ...
5 die Toilette + das Papier = ...

4 Schreiben Sie die Wörter richtig.

1 ◆ Bei Nils und Tim gibt es Probleme. Sie gehen beide oft zu spät aufs .... (fenTöpch). Es passiert oft, dass sie .... (säneinsne).
▲ Ist es auch schon mal passiert, dass sie einkoten?
◆ Nein, mit dem .... (hlgaStung) klappt es besser.

2 ▲ Steht im .... (nanHygepile) etwas zum Thema „Wickeln"?
◆ Ja, klar. Man soll die Hände danach .... (feinernizides). Waschen mit Seife reicht nicht!

5 Lösen Sie das Rätsel und finden Sie das Lösungswort.

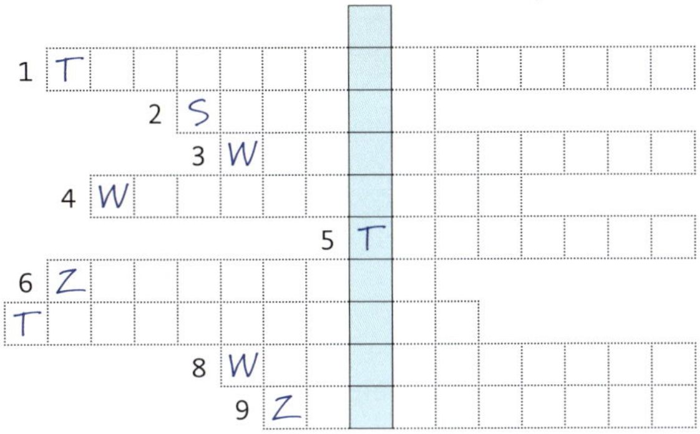

Lösung: das ....

6 Was passt zusammen? Verbinden Sie.

1 einkoten
2 desinfizieren
3 abwischen
4 einnässen

A Keime abtöten
B „Pipi" in die Hose machen
C Stuhlgang landet z. B. auf der Kleidung oder dem Fußboden
D mit einem Waschlappen oder Feuchttuch sauber machen

7 Welche Hygienevorschriften kennen Sie? Machen Sie Notizen.

Lernwortschatz

abwischen, hat abgewischt ....
das Desinfektionsmittel, – ....
desinfizieren, hat desinfiziert ....
einkoten, hat eingekotet ....
einnässen, hat eingenässt ....
das Feuchttuch, ¨-er ....
der Hygieneplan, ¨-e ....
die Hygienevorschrift, -en ....
das Klo, -s ....
die Laus, ¨-e ....
der Schaum, ¨-e ....
der Stuhlgang (Sg.) ....
das Taschentuch, ¨-er ....
das Toilettenpapier (Sg.) ....
das Töpfchen, – ....
das Waschbecken, – ....
der Waschlappen, – ....
der Wasserhahn, ¨-e ....
der Windelausschlag, ¨-e ....
die Zahnbürste, -n ....
die Zahnpasta, -pasten ....
die Zahnspange, -n ....

22 Häufige Kinderkrankheiten

1 Was ist richtig? Ergänzen Sie.

1 Foto A: Das Kind ist gegen Diphtherie, Tetanus und .... geimpft.
2 Foto A: Das Kind hat keine Impfung gegen Polio und ....
3 Foto B: Das Kind hat eine .... gegen Masern und .... bekommen.
4 Foto B: Das Kind ist nicht gegen .... geimpft.

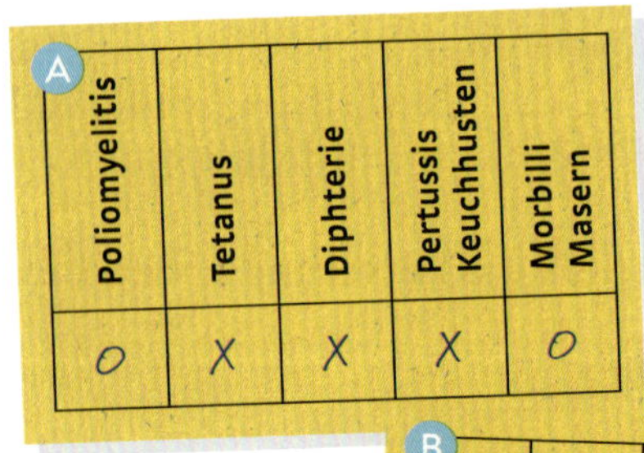

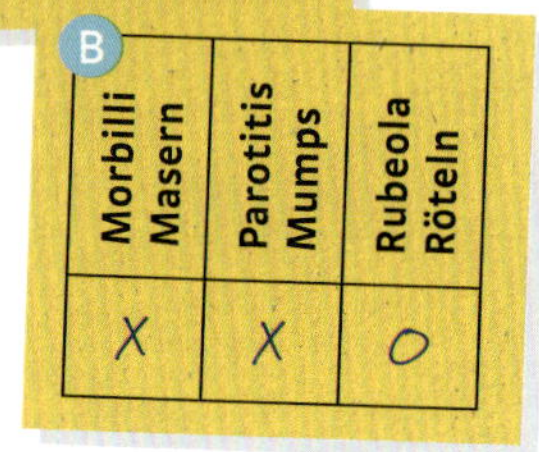

2 Ergänzen Sie. Hören Sie dann und kontrollieren Sie.

ansteckend | angesteckt | impfen | Infekt | Infektionskrankheit | Inkubationszeit | Kinderkrankheiten | Masern

1 ◆ Was ist die .... ?
○ Das ist der Zeitraum zwischen dem Zeitpunkt, an dem Ihr Kind sich .... hat und die Krankheit sichtbar wird. Bei .... sind das zum Beispiel acht bis zehn Tage.
2 ◆ Sind alle .... ansteckend?
○ Ja. Die meisten sind sogar sehr .... Darum empfehlen wir, die Kinder gegen die gefährlichsten Krankheiten .... zu lassen.
3 ◆ Was ist der Unterschied zwischen einem .... und einer Infektion?
○ Eigentlich gibt es keinen Unterschied. Beide Wörter stehen für eine ....

3 Ergänzen Sie die Vokale.

Kinderkrankheiten: …nf…kt… …nskr…nkh… …t…n[1]

M…s…rn[2]: durch ein Virus ausgelöst, sehr ansteckend; rote Flecken auf der Haut und Fieber

R…t…ln[3]: durch ein Virus ausgelöst, sehr …nst…ck…nd[4]; rote Flecken auf der Haut und Fieber (nicht verwechseln mit „Ringelröteln")

M…mps[5]: durch ein/en V…r…s[6] ausgelöst, ansteckend, kann zur Meningitis (einer Entzündung der Hirnhaut) führen; der Bereich um Hals und Ohren ist dick, Fieber

K… …chh…st…n[7]: durch ein Bakterium ausgelöst, sehr ansteckend; starker Husten, leichtes Fieber und Schnupfen

Sch…rl…ch[8]: durch Streptokokken ausgelöst, ansteckend; Fieber, Hals- und Kopfschmerzen, …b…lk… …t[9] und H… …t… …sschl…g[10]

W…ndp…ck…n[11]: durch ein Virus ausgelöst, sehr ansteckend; juckende Wasserblasen auf der Haut, Fieber

4 Schreiben Sie die Wörter richtig und ergänzen Sie.

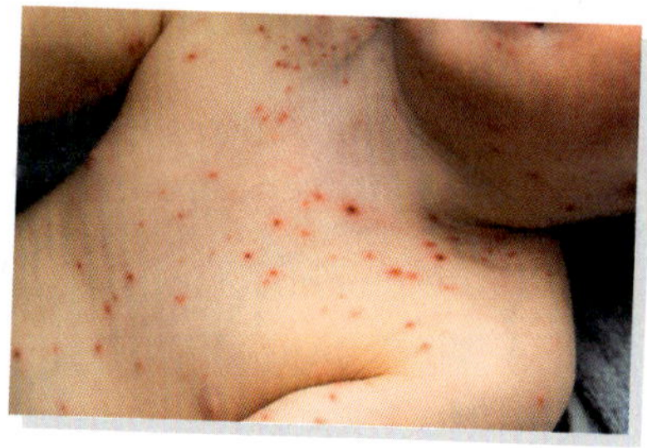

teikkrahn | izet | hwe | ckpoen | nhuset | erötnl

1 die Inkubations ....
2 die Wind ....
3 das Bauch ....
4 die Kinder ....
5 die Ringel ....
6 der Keuch ....

5 Was passt zusammen? Verbinden Sie. (Hilfe finden Sie in 3.)

1 die Streptokokken
2 sich anstecken
3 jucken
4 erbrechen
5 die Meningitis

A die Windpocken
B die Entzündung
C das Bauchweh
D der Scharlach
E die Infektion

6 Ergänzen Sie.

ansteckend | Infekt | Inkubationszeit | Kinderkrankheiten | Viren | Windpocken

Liebe Sabine,
seit ich in der Kita arbeite, bin ich dauernd krank. Wahrscheinlich leben überall in der Kita jede Menge ....[1]. ☺ Das ist wirklich schlimm. Ständig haben die Kinder Schnupfen oder einen anderen ....[2]. Letzte Woche ist ein Kind zu Hause geblieben, weil es ....[3] hatte. Die sind total ....[4] und haben eine ....[5] von zwei Wochen! Zum Glück bin ich gegen die ganzen ....[6] geimpft!
Wie geht es Dir denn? Sehen wir uns bald mal?

7 Welche Kinderkrankheiten haben Sie in Ihrer Einrichtung schon erlebt? Woran haben Sie die Krankheiten erkannt? Was haben Sie getan? Machen Sie Notizen.

Lernwortschatz

sich anstecken, hat sich angesteckt ....
ansteckend ....
die Entzündung, -en ....
der Hautauschlag, ¨-e ....
impfen, hat geimpft ....
die Impfung, -en ....
der Infekt, -e ....
die Infektion, -en ....
die Inkubationszeit, -en ....
jucken, hat gejuckt ....
der Keuchhusten (Sg.) ....
die Kinderkrankheit, -en ....
Masern (Pl.) ....
die Meningitis (meist Sg.) ....
der Mumps (Sg.) ....
Ringelröteln (Pl.) ....
Röteln (Pl.) ....
der Scharlach (Sg.) ....
die Streptokokke, -n (meist Pl.) ....
die Übelkeit (Sg.) ....
der/das Virus, Viren ....
Windpocken (Pl.) ....

23 Weitere Krankheiten

1 **Welcher Teil des Körpers ist betroffen? Beschriften Sie die Abbildung.**

die Bindehautentzündung | die Bronchitis | die Gelbsucht | der Harnwegsinfekt | der Magen-Darm-Infekt | die Mandelentzündung

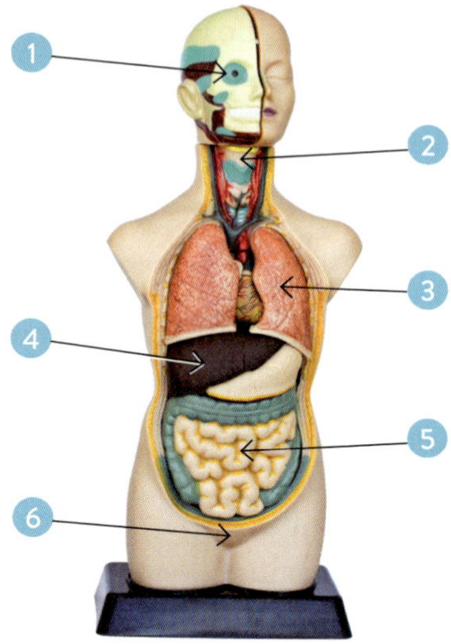

1 ....
2 ....
3 ....
4 ....
5 ....
6 ....

2 **Wie kann man das auch sagen? Verbinden Sie.**

1 stark frieren
2 eine chronische Entzündung
3 erbrechen
4 Durchfall haben und sich übergeben
5 eine Erkältung haben

A dauernd entzündet sein
B husten und niesen
C Brechdurchfall haben
D sich übergeben
E vor Kälte zittern

3 **Ergänzen Sie.**

1 erkältet sein – die ....
2 krampfen – der Fieber..............................
3 entzündet sein – die Blasen..............................
4 erbrechen – der ....durchfall

4 **Was ist richtig? Hören Sie und kreuzen Sie an.**

1 Die Erzieherin ist selbst krank. Sie hat …
a ○ eine Blasenentzündung.
b ○ eine Mandelentzündung.
c ○ eine Erkältung.

2 Im Kindergarten haben zurzeit viele Kinder …
a ○ eine Angina.
b ○ eine chronische Bronchitis.
c ○ eine Erkältung.

3 Vor einem Monat gab es in der Einrichtung …
a ○ eine Pilzinfektion.
b ○ einen Harnwegsinfekt.
c ○ einen Magen-Darm-Infekt.

4 Da hatten einige Kinder …
a ○ Bronchitis.
b ○ Brechdurchfall.
c ○ Gelbsucht.

5 **Was passt nicht? Streichen Sie.**

1 die Erkältung – der Husten – niesen – die Pilzinfektion
2 der Magen-Darm-Infekt – die Gelbsucht – der Durchfall – der Rotavirus
3 die Blasenentzündung – der Harnwegsinfekt – die Blähung – die Blase
4 der Scheidenpilz – die Mandelentzündung – die Angina – die Halsschmerzen

6 Was ist richtig? Kreuzen Sie an.

Wenn Kinder hohes Fieber haben, bekommen sie manchmal einen ○ Fieberkrampf. ○ Scheidenpilz.[1] In der Regel werden die Augen nach oben gedreht. Die Kinder ○ zittern ○ niesen[2] stark. Sie ○ übergeben sich. ○ krampfen am ganzen Körper.[3] Manche Kinder werden auch für kurze Zeit blau. Meistens hört das aber nach zwei, drei Minuten von allein auf.

7 Schreiben Sie die Wörter richtig.

1 ◆ Gibt es in eurer Einrichtung Kinder mit ________ (nchrsconihe) Krankheiten?
▲ Nein, zum Glück nicht. Nur ein Mädchen hat sehr oft ________ (gianAn).

2 ◆ Mein Sohn kann keine Zwiebeln und keinen Knoblauch essen. Davon bekommt er schlimme ________ (uhnnBläge).
▲ Okay, ich werde darauf achten!

3 ◆ Das Auge von meinem Jungen ist ja ganz rot.
▲ Ja, das stimmt. Ich glaube, dass das eine ________entzündung (dahBinteu) ist. Hat er das schon öfter gehabt?

4 ◆ Meine Tochter sieht so gelb im Gesicht aus. Haben Sie das auch schon gesehen?
▲ Ja, seit heute Mittag. Ich würde mit ihr zum Arzt gehen. Vielleicht hat sie ________ (bcuGelsth).

5 ◆ Der ________ (etsHun) von Jonas ist immer noch nicht besser geworden.
▲ Oh, finden Sie? Tagsüber hustet er fast gar nicht, obwohl wieder sehr viele Kinder eine ________ (kgErläntu) haben.

8 Wann treten welche Krankheiten in Ihrer Einrichtung besonders häufig auf? Machen Sie Notizen.

Lernwortschatz

die Angina, Anginen ________
die Bindehautentzündung, -en ________
die Blähung, -en ________
die Blase, -en ________
die Blasenentzündung, -en ________
der Brechdurchfall, ¨-e ________
die Bronchitis, Bronchitiden ________
chronisch ________
der Durchfall, ¨-e ________
entzündet ________
die Erkältung, -en ________
der Fieberkrampf, ¨-e ________
die Gelbsucht (Sg.) ________
der Harnwegsinfekt, -e ________
der Husten (Sg.) ________
krampfen, hat gekrampft ________
der Magen-Darm-Infekt, -e ________
die Mandelentzündung, -en ________
niesen, hat geniest ________
die Pilzinfektion, -nen ________
der Rotavirus, -viren ________
der Scheidenpilz, -e ________
sich übergeben, hat sich übergeben ________
zittern, hat gezittert ________

24 Umgang mit Krankheiten

1 Schreiben Sie die Wörter richtig.

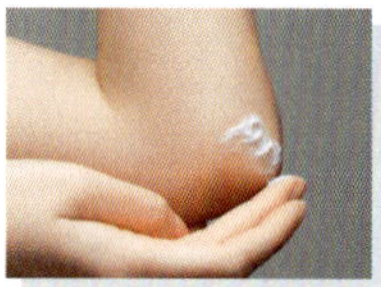

1 ______________ (reincenem)

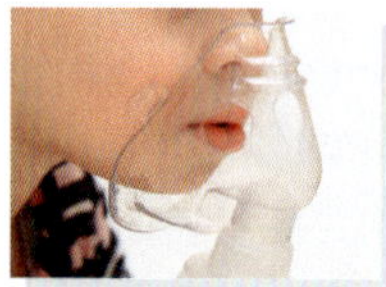

2 ______________ (eaeinhnlir)

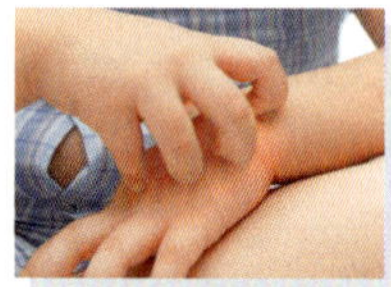

3 ______________ (znkraet)

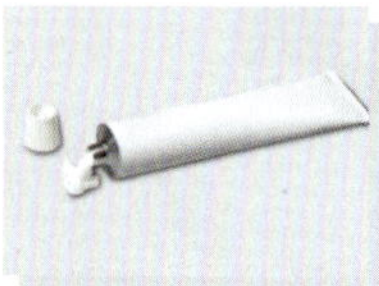

4 die ______________ (belSa)

5 der ______________ (etsaHusnft)

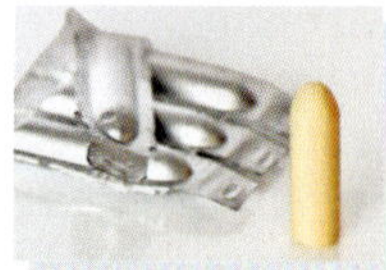

6 das ______________ (efZäpnch)

2 Wie kann man das auch sagen? Kreuzen Sie an.

1 Du solltest vorsichtig sein und dich ausruhen.
◯ Du solltest nicht so ungesund essen. ◯ Du solltest dich schonen.

2 Du brauchst eine Bestätigung vom Arzt, dass du bei ihm warst.
◯ Du brauchst ein Attest. ◯ Du brauchst ein Rezept für ein Antibiotikum.

3 Wie sieht der Verlauf dieser Erkrankung aus?
◯ Wie entwickelt sich diese Krankheit? ◯ Wie wirkt die Krankheit auf das Immunsystem?

4 Hast du ein fiebersenkendes Mittel?
◯ Hast du ein Fieberthermometer? ◯ Hast du Fieberzäpfchen?

5 Den Hustensaft soll man dreimal täglich verabreichen.
◯ Den Hustensaft soll man dreimal täglich geben.
◯ Den Hustensaft soll man dreimal pro Tag inhalieren.

3 Was ist richtig? Kreuzen Sie an.

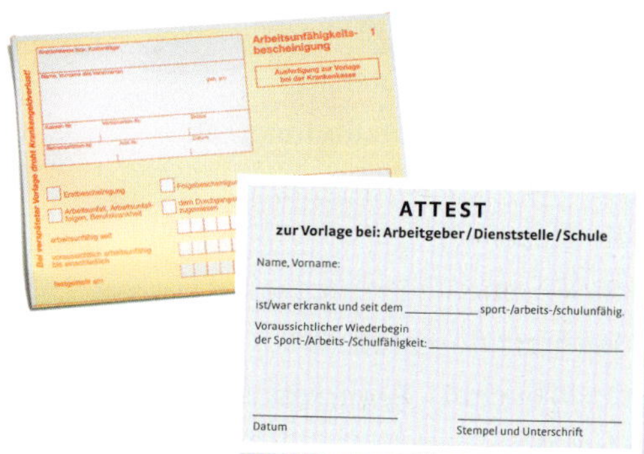

1 ◯ Ein Attest ◯ Eine Krankschreibung braucht man, wenn man während der Arbeitszeit beim Arzt war.

2 ◯ Auf einer Krankschreibung ◯ Auf einem Attest steht zum Beispiel, wie lange man bei einem Arzt in der Praxis war.

3 ◯ Eine Krankschreibung ◯ Ein Attest braucht man, wenn man als Angestellte/r länger als drei Tage krank ist.

4 ◯ Mit einem Attest ◯ Mit einer Krankschreibung gibt man dem Arbeitgeber und der Krankenkasse Bescheid, dass man für eine bestimmte Zeit nicht arbeiten kann.

5 ◯ Eine Krankschreibung ◯ Ein Attest braucht man, wenn man wegen einer Erkrankung keinen Sport machen kann.

4 **Verbinden Sie.**

inhalieren | 4 ein Antibiotikum | vorbeugen | 2 Fieber | kratzen | 5 eine wunde Stelle auf der Haut | eincremen | 3 mit Salzwasser | 1 sich bei Juckreiz | messen | 6 Krankheiten durch gesunde Ernährung | verabreichen

5 **Bilden Sie Wörter. Notieren Sie mit Artikel.**

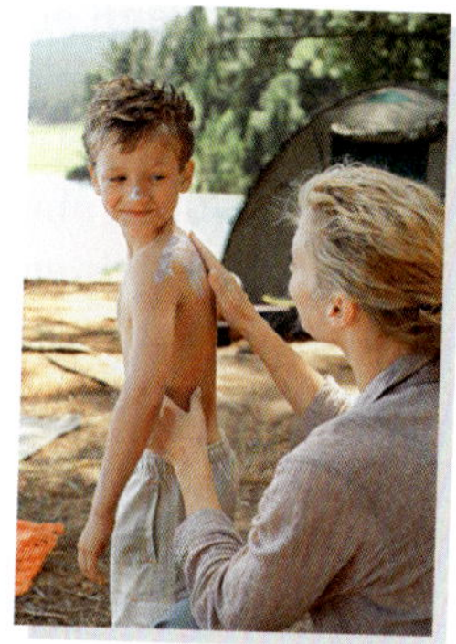

1 das Fieber + das Zäpfchen = ……………………

2 wund + die Salbe = ……………………

3 der Husten + der Saft = ……………………

4 das Fieber + das Thermometer = ……………………

5 jucken + der Reiz = ……………………

6 die Krankheit + die Welle = ……………………

7 immun + das System = ……………………

6 **Finden Sie Wörter und ergänzen Sie.**

beu | cre | ein | gen | ha | in | krat | lie | men | mes | nen | ren | scho | sen | vor | zen

1 Du hast einen ganz heißen Kopf. Ich glaube, wir müssen mal Fieber …………………… .

2 Bevor du nach draußen gehst, müssen wir dich mit Sonnencreme …………………… .

3 Du bist krank. Du darfst nicht so schnell laufen. Du musst dich …………………… .

4 Mit gesunder Ernährung kann man Krankheiten …………………… .

5 Ihr Sohn ist so erkältet, dass er nur schwer Luft bekommt.
Er sollte vielleicht mal ……………………?

6 Ich weiß, Jonas, es ist schwer, sich bei schlimmen Juckreiz nicht zu …………………… .

7 **Mit welchen Krankheiten müssen Sie in Ihrer Einrichtung häufig umgehen? Was machen Sie dann genau? Machen Sie Notizen.**

Lernwortschatz

das Antibiotikum, Antibiotika ……………………

das Attest, -e ……………………

eincremen, hat eingecremt ……………………

die Erkrankung, -en ……………………

fiebersenkend ……………………

das Fieberthermometer, – ……………………

das Fieberzäpfchen, – ……………………

der Hustensaft, ¨-e ……………………

das Immunsystem (Sg.) ……………………

inhalieren, hat inhaliert ……………………

der Juckreiz, -e ……………………

die Krankheitswelle, -n ……………………

die Krankschreibung, -n ……………………

kratzen, hat gekratzt ……………………

messen, hat gemessen ……………………

die Salbe, -n ……………………

sich schonen, hat sich geschont ……………………

……………………

verabreichen, hat verabreicht ……………………

der Verlauf, ¨-e ……………………

vorbeugen, hat vorgebeugt ……………………

wund ……………………

die Wundsalbe, -n ……………………

das Zäpfchen, – ……………………

25 Unfälle und Notfälle

1 Ergänzen Sie. (Nicht alles passt)

Dornen | Feuertreppe | Giftnotruf | Klemmschutz | Krupphusten | Kühlbeutel | Nasenbluten | Notruf | Pseudokrupp

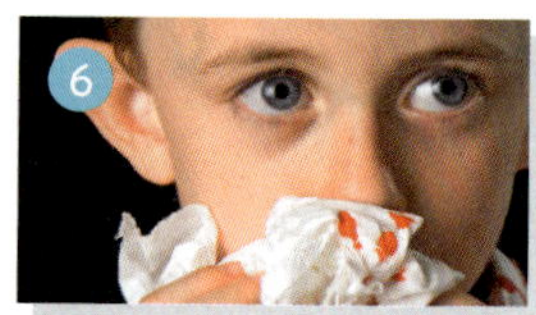

1 Wenn ein Kind zum Beispiel Putzmittel in den Mund bekommen hat, dann gibt es beim __________ eine Beratung. Die Nummer findest du im Telefon.
2 Bei einem Allergieschock und bei Asthma kann Erstickungsgefahr bestehen. Wir müssen sofort den __________ wählen, wenn ein Kind keine Luft bekommt.
3 Damit die Kinder sich nicht die Finger einklemmen, gibt es an jeder Tür einen __________.
4 Ein Junge ist ausgerutscht. Sein Knie ist ganz dick. Ich hole mal einen __________.
5 Passt auf, wenn ihr diese Blumen anfasst. Sie haben __________, die sehr piksen.
6 Ein Mädchen ist hingefallen und hat jetzt __________.

2 Hören und ergänzen Sie.

Oh, sei froh, dass du Urlaub hattest. In der letzten Woche ist viel passiert. Miriam hatte ganz schlimm __________[1]. Es war schrecklich. Ich dachte zuerst, sie würde __________[2]. Wir wussten nicht, was wir machen sollten. Wir haben fast den __________[3] gewählt. Und am Dienstag ist Timo __________[4], mit dem Kopf auf den Boden. Er hat so schlimm geweint. Zum Glück hatte er nur __________[5], dann ging es ihm wieder gut. Und dann Hanna mit ihrem __________[6]. Du weißt ja, wie das ist. Und am Freitag ist dann noch eine Vase mit Rosen vom Regal gefallen und __________[7]. Du kannst dir vielleicht denken, was dann passiert ist. Fynn wollte die Blumen __________[8] und dann hat sich natürlich an den __________[9] verletzt. Seine ganzen Hände waren voll Blut. Also ich musste ihn __________[10]. Ach, es ist einfach gut, dass du wieder da bist!

3 Wie kann man das auch sagen? Verbinden Sie.

1 kaputt gehen
2 keine Luft mehr bekommen
3 nach einem Unfall versorgen
4 vom Boden hochnehmen
5 auf dem Boden landen

A aufheben
B verarzten
C ersticken
D hinfallen
E zerbrechen

4 **Ergänzen Sie.**

1 Krupp▢▢▢▢▢▢ nennt man auch Pseudo▢▢▢▢▢.
2 Der Klemm▢▢▢▢▢▢ hilft, dass Kinder sich nicht verletzten.
3 Bei Asthma ist die Erstickungs▢▢▢▢▢▢ groß.
4 Bei einem Allergie▢▢▢▢▢▢ muss man schnell handeln.
5 Die allgemeine Nummer für einen Not▢▢▢ in Europa ist 112.
6 Für den ▢▢▢▢notruf gibt es verschiedene Telefonnummern.
7 Wenn man sich den Fuß eingeklemmt hat, kann ein Kühl▢▢▢▢▢▢ gut tun.
8 Bei Nasen▢▢▢▢▢▢ soll man die Nase leicht zusammendrücken.
9 Die Feuer▢▢▢▢▢▢ benutzt man nur im Notfall.

5 **Lösen Sie das Rätsel und finden Sie das Lösungswort.**

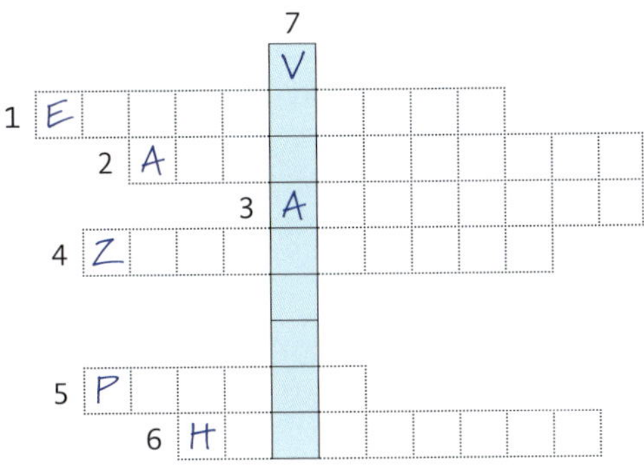

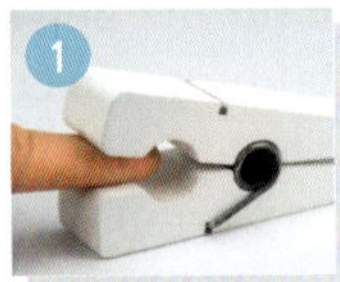

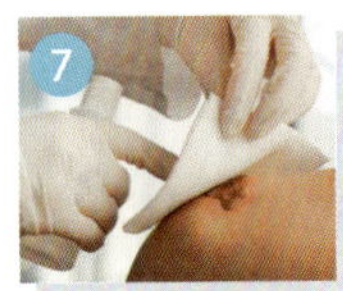

Lösung: ....

6 **Stellen Sie eine Liste mit den wichtigsten (Notruf-)Nummern für Ihre Region zusammen. Wann brauchen Sie sie? Machen Sie Notizen.**

Lernwortschatz

der Allergieschock, -s ....
das Asthma (Sg.) ....
aufheben, hat aufgehoben ....
ausrutschen, ist ausgerutscht ....
der Dorn, -en ....
einklemmen, hat eingeklemmt ....
....
ersticken, ist erstickt ....
die Erstickungsgefahr (Sg.) ....
die Feuertreppe, -n ....
der Giftnotruf, -e ....
hinfallen, ist hingefallen ....
der Klemmschutz (meist Sg.) ....
der Krupphusten (Sg.) ....
der Kühlbeutel, – ....
das Nasenbluten (Sg.) ....
der Notruf, -e ....
piksen, hat gepikst ....
der Pseudokrupp (Sg.) ....
verarzten, hat verarztet ....
zerbrechen, hat zerbrochen ....
....

26 Verhaltensstörungen und Behinderungen

1 Was ist richtig? Hören Sie und kreuzen Sie an.

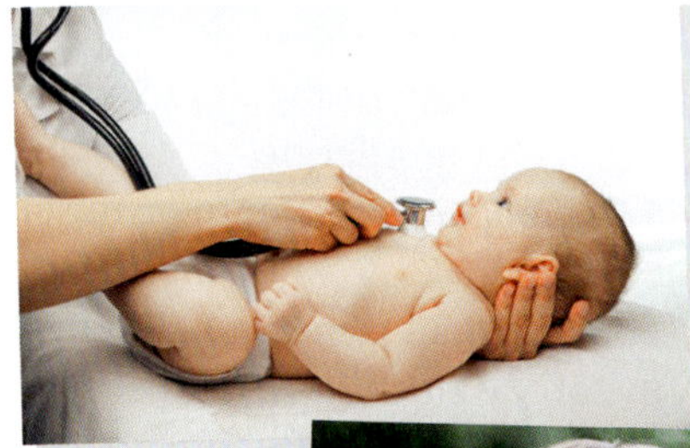

1 Die U3 ist eine Untersuchung ...
- a ○ für dreijährige Kinder.
- b ○ für Babys.
- c ○ für Kinder im vierten bis fünften Lebensjahr.

Die U-Untersuchungen ...
- d ○ kontrollieren die Betreuung der Kinder.
- e ○ sind nur für verhaltensauffällige Kinder.
- f ○ helfen, Störungen, Behinderungen oder auffälliges Verhalten früh zu erkennen.

2 Inklusion ist ...
- a ○ ein integratives Konzept für die Betreuung.
- b ○ eine pädagogische Fortbildung für Erzieherinnen und Erzieher.
- c ○ eine Betreuung für Eltern mit behinderten Kindern.

Eine integrative Betreuung hat Vorteile ...
- d ○ für Kinder mit geistiger oder körperlicher Behinderung.
- e ○ für verhaltensauffällige Kinder.
- f ○ für alle Kinder.

2 a Ergänzen Sie.

ADHS | Asperger | Autismus | Down | Tourette

1 ....: (Abkürzung für Aufmerksamkeitsdefizithyperaktivitätsstörung): Verhaltensstörung, die in der Kindheit und Jugend beginnt. Sie zeigt sich durch Probleme mit der Aufmerksamkeit. Oft kommt eine körperliche Unruhe dazu; die Kinder sind dann auffällig hyperaktiv.

2 ....: eine Entwicklungsstörung, die sich in der Regel vor dem dritten Lebensjahr zeigt. Die Kinder haben Probleme im sozialen Umgang und mit der Kommunikation (zum Beispiel beim Aufbau von Beziehungen, sie wirken apathisch) und zum Teil auch Wahrnehmungsstörungen.

3 ....-Syndrom: eine Variante des Autismus, eine Entwicklungsstörung, die man ab dem 4. Lebensjahr erkennen kann. Merkmale sind Probleme in der sozialen Interaktion und Kommunikation sowie ein auffälliges Verhalten und nur wenige Interessen.

4 ....-Syndrom: eine Kombination verschiedener (mehr oder weniger starker) geistiger und körperlicher Behinderungen (auch Trisomie 21).

5 ....-Syndrom: eine in der Kindheit beginnende Verhaltensstörung, die man an motorischen und sprachlichen Tics (Grimassen, Zucken, ...) erkennt.

b **Welches Bild passt zu welcher Krankheit in a. Ordnen Sie zu.**

  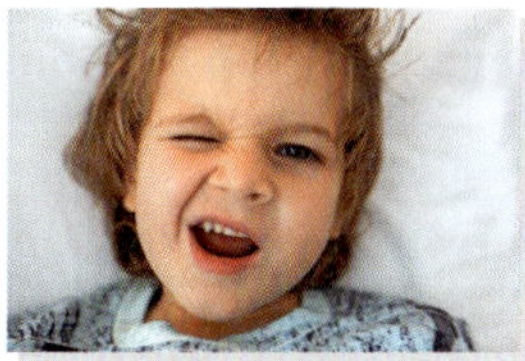 

A .... B .... C .... D ....

3 Was passt zusammen? Verbinden Sie.

1	integrativ	A	die ADHS
2	hyperaktiv	B	das Tourette-Syndrom
3	apathisch	C	die Wahrnehmungsstörung
4	körperlich behindert	D	der Autismus
5	nicht richtig sehen oder hören können	E	die Inklusion
6	verhaltensauffällig	F	das Down-Syndrom

4 Schreiben Sie die Wörter richtig und ergänzen Sie.

fgauf läil | nroSmyd | kahypvrtei | ugnrstö | hsapathic | sgeitgi

1 Wie kann man erkennen, ob ein Kind verhaltens........ ist oder eine Verhaltens........ hat?
2 Hat ein Kind, das oft .... wirkt oder Wahrnehmungsstörungen hat, vielleicht das Asperger-........?
3 Welche Vorteile hat es, wenn auch körperlich oder .... behinderte Kinder in der normalen Kita betreut werden?
4 Was kann man machen, wenn ein Kind .... ist oder sogar ADHS hat?

5 Welche Erfahrungen haben Sie mit Behinderungen oder Verhaltensstörungen bei Kindern gemacht? Machen Sie Notizen.

Lernwortschatz

die ADHS (= die Aufmerksamkeitsdefizithyperaktivitätsstörung) ....
apathisch ....
das Asperger-Syndrom (Sg.) ....
auffällig ....
der Autismus (Sg.) ....
behindert ....
die Behinderung, -en ....
das Down-Syndrom (Sg.) ....
geistig ....
hyperaktiv ....
die Inklusion (Sg.) ....
integrativ ....
körperlich ....
die Störung, -en ....
das Tourette-Syndrom (Sg.) ....
die U3 ....
die U-Untersuchung, -en ....
das Verhalten (Sg.) ....
verhaltensauffällig ....
die Verhaltensstörung, -en ....
die Wahrnehmungsstörung, -en ....

27 Schutz und Sicherheit der Kinder

1 Lesen Sie den Text und ergänzen Sie dann die markierten Wörter.

Kinderarmut nimmt weiter zu

21 Prozent aller Kinder in Deutschland leben in **Armut**. Viele von ihnen sind **verwahrlost** und das Kindeswohl ist in Gefahr. Man erkennt das oft schon am **Erscheinungsbild**. Bei Kindern sieht man schnell Zeichen für eine körperliche Vernachlässigung. Die Kinder sind ungepflegt und nicht gewaschen. Sie tragen meistens keine passende Kleidung. Oft haben sie wegen schlechter Ernährung **Mangelerscheinungen**.

Doch nicht nur am Körper, sondern auch am Verhalten kann man erkennen, dass die Kinder **vernachlässigt** sind. Sie nehmen nicht so leicht Kontakt auf. Oft haben sie nicht gelernt, **Gefahren** zu erkennen.

1 nicht gepflegt sein = ... sein
2 körperliche Reaktionen auf eine ungesunde Ernährung = die ....
3 sehr wenig Geld haben = in .... leben
4 zu wenig Aufmerksamkeit bekommen = ... werden
5 das, was man von außen sieht = das ....
6 unsichere Situationen = die ....

2 Bilden Sie Wörter.

1 das Kind + das Wohl = ...
2 der Verdacht + der Fall = ...
3 das Kind + der Schutz = ...
4 der Mangel + die Erscheinung = ...
5 die Erscheinung + das Bild = ...

3 Finden Sie acht Wörter. Notieren Sie (die Nomen mit Artikel).

D	S	E	F	V	Z	I	P	V	X	E	C	B	K	L
X	I	C	B	E	V	O	R	Z	U	G	E	N	U	Ö
S	C	F	G	R	H	J	B	K	L	T	W	Q	N	F
B	H	M	N	W	F	D	E	Y	X	Z	K	H	G	C
V	E	R	N	A	C	H	L	Ä	S	S	I	G	E	N
C	R	W	A	H	S	K	I	T	Q	A	T	L	P	Y
Y	H	H	D	R	R	G	P	F	D	X	N	G	F	A
Ö	E	B	E	L	A	S	T	U	N	G	H	D	L	Q
J	I	C	J	O	P	G	E	F	A	H	R	Y	E	W
M	T	B	M	S	I	K	N	L	Ö	Ä	Q	X	G	R
L	Ö	P	W	T	G	N	G	B	A	R	M	U	T	V

....
....
....
....
....
....
....
....

4 Was passt nicht? Streichen Sie.

1 offensichtlich – der Verdachtsfall – die Vermutung – unsicher
2 ungepflegt – vernachlässigt – fahrlässig – verwahrlost
3 die Sicherheit – die Belastung – das Kindeswohl – der Kinderschutz
4 die Kinderarmut – die Mangelerscheinung – die Diskriminierung – die Chancengleichheit

5 Wie heißt das Gegenteil? Verbinden Sie.

1 die Chancengleichheit	A die Sicherheit
2 die Gefahr	B die Diskriminierung
3 aufmerksam und vorsichtig	C unsicher
4 sicher	D ungepflegt
5 sauber und ordentlich	E fahrlässig

6 Bilden Sie Wörter und ergänzen Sie.

Be | Chancen | erscheinungen | fahr | gleichheit | Ge | lässigung | lastung | Mangel | mutung | nach | Ver | Ver

1 Wenn ein Kind ungepflegt aussieht, kann das ein Zeichen für ______________ sein.
2 Wenn ein Kind schlecht ernährt ist, hat es oft ______________.
3 Wenn ein Kind bevorzugt wird, gibt es keine ______________.
4 Wenn Eltern offensichtlich fahrlässig handeln, sind sie eine ______________ für ihr Kind.
5 Wenn jemand etwas glaubt, was aber unsicher ist, dann hat er eine ______________.
6 Wenn eine Familie in Armut lebt, dann ist das eine schwierige Situation und eine große ______________ für alle.

7 Haben Sie in Ihrer Einrichtung Erfahrungen mit dem Thema Kinderarmut oder Vernachlässigung? Machen Sie Notizen.

Lernwortschatz

die Armut (Sg.) ______________
die Belastung, -en ______________
die Chancengleichheit (Sg.) ______________
die Diskriminierung (Sg.) ______________
das Erscheinungsbild (Sg.) ______________
fahrlässig ______________
die Gefahr, -en ______________
die Kinderarmut (Sg.) ______________
der Kinderschutz (Sg.) ______________
das Kindeswohl (Sg.) ______________
die Mangelerscheinung, -en ______________
offensichtlich ______________
die Sicherheit (hier nur Sg.) ______________
ungepflegt ______________
unsicher ______________
der Verdachtsfall, ¨-e ______________
die Vermutung, -en ______________
vernachlässigen, hat vernachlässigt ______________
die Vernachlässigung, -en ______________
verwahrlost ______________

28 Kindeswohlgefährdung

1 Hören Sie und ergänzen Sie die Vokale.

Schutzauftrag bei K…nd…swohlgefährdung[1] (P…r…gr…f[2] 8a SGB VIII)
Tageseinrichtungen für Kinder haben auch die Aufgabe, Kinder vor Gefahren zu schützen. Die Mitarbeiterinnen und Mitarbeiter sind verpflichtet, Beobachtungen zu m…tm…ßl…ch…n[3] Vernachlässigungen, zu körperlichen und seelischen M…ssh…ndl…ng…n[4] und auch zu sexuellem M…ssbr… …ch[5] von Kindern mit der Gruppenleitung zu besprechen.
Ein deutlicher Verdacht auf Kindeswohlgefährdung ist m…ld…pfl…cht…g[6]. Dann muss die Einrichtung das J…g…nd…mt[7] informieren. Dieses Amt hat den gesetzlichen Sch…tz… …ftr…g[8] für die Kinder.

2 Schreiben Sie die Wörter richtig.

1 der .... (dungsfallGefähr)
2 der .... (brauchMiss)
3 die .... (Misslunghand)
4 der .... (terTä)
5 das .... (gendamtJu)
6 die .... (hutOb)
7 das .... (ziSoamtal)
8 der .... (tragaufSchutz)
9 der .... (grafraPa)
10 die .... (anStrafgezei)

3 Ergänzen Sie.

Fremdtäter | Gefährdungsfall | häuslicher | Hausverbot | Kindeswohlgefährdung | Obhut | Strafanzeige | Vorfall

1 Wenn ein mutmaßlicher Täter nicht aus der Familie oder dem Bekanntenkreis kommt, sagt man ....
2 Wenn ein Kind zu Hause körperliche oder seelische Misshandlungen erleidet, spricht man von .... Gewalt.
3 Wenn jemand eine Einrichtung nicht mehr betreten darf, spricht man von ....
4 Wenn sich das Jugendamt um ein verwahrlostes Kind kümmert, nimmt es das Kind in ....
5 Wenn jemand einen .... von Misshandlung beobachtet, ist er Zeuge.
6 Wenn Kinder nicht in Sicherheit leben, spricht man von ....
7 Wenn das Wohl des Kindes in Gefahr ist, spricht man von einem ....
8 Wenn man einen Fall von Missbrauch bei der Polizei meldet, dann stellt man eine ....

4 **Ergänzen Sie.**

Jugendämter melden: Immer mehr Kinder in ___hut[1]

Polizei fasst mutmaßlichen ___ter[2]

___ge[3] für Unfall gesucht

Immer mehr Fälle von körperlicher und ___scher[4] Vernachlässigung

___amt[5] bietet Frauen Hilfe bei ___ällen[6] von häuslicher Gewalt

Verdacht auf Misshandlung: ___erbot[7] in der Kita

5 **Was ist richtig? Kreuzen Sie an.**

1 ◆ Was kann ich machen, wenn sich Eltern nicht an die Regeln in der Kita halten?
  ○ Wenn ihr keine andere Lösung findet, dann bekommen sie ◯ Hausverbot. ◯ einen Schutzauftrag. Dann dürfen sie die Kita nicht mehr betreten.

2 ◆ Wen muss ich informieren, wenn ich bei einem Kind den Verdacht auf ◯ einen Gefährdungsfall ◯ einen Täter habe?
  ○ Dann ist ◯ das Sozialamt ◯ das Jugendamt der richtige Ansprechpartner. Jeder Verdacht auf Kindeswohlgefährdung ist ◯ meldepflichtig. ◯ häuslich.

3 ◆ In einer Familie gab es im letzten Jahr ◯ einen Missbrauch ◯ einen Vorfall von häuslicher Gewalt.
  ○ Gab es ◯ eine Strafanzeige ◯ eine Misshandlung gegen den mutmaßlichen Täter?
  ◆ Ja, wir haben die Polizei informiert. Zum Glück gab es ◯ einen Zeugen. ◯ einen Fremdtäter.

4 ◆ Hast du schon mal erlebt, dass das Jugendamt ein Kind ◯ mit zum Sozialamt ◯ in Obhut nehmen musste?
  ○ Nein, im letzten Jahr hatte wir zwar einen Verdacht auf ◯ Kindeswohlgefährdung, ◯ einen Paragraphen, aber das Kind konnte in seiner Familie bleiben.

6 **Was sollten Sie tun, wenn Sie einen Verdacht auf Kindeswohlgefährdung haben? Machen Sie Notizen.**

Lernwortschatz

der Fremdtäter, – ....
der Gefährdungsfall, ¨-e ....
häuslich ....
das Hausverbot, -e ....
das Jugendamt, ¨-er ....
die Kindeswohlgefährdung, -en ....
....
meldepflichtig ....
der Missbrauch, ¨-e ....
die Misshandlung, -en ....
mutmaßlich ....
die Obhut (Sg.) ....
der Paragraf, -en ....
der Schutzauftrag, ¨-e ....
seelisch ....
das Sozialamt, ¨-er ....
die Strafanzeige, -n ....
der Täter, – ....
der Vorfall, ¨-e ....
der Zeuge, -n ....

29 Sprechen lernen

1 Lesen Sie den Text und ergänzen Sie dann die markierten Wörter.

Sprache ist ein sehr wichtiges Mittel der **Interaktion** zwischen Menschen. In der Kita beobachten wir die Kinder beim **Spracherwerb**. Wir hören, wie sie zuerst einzelne Laute von sich geben und dann später ganze Wörter. Wir beobachten, wie ihr **Wortschatz** wächst und so weiter. In einem **Sprachlerntagebuch** können wir die Sprachentwicklung jedes Kindes genauer beschreiben. Das hilft dann auch bei der Sprachstandserhebung. Außerdem ist es ein großer Vorteil, dass Sprech- und **Sprachstörungen** so schneller auffallen. Dann können schon einfache Übungen zur **Mundmotorik** helfen, die nicht nur Logopäden, sondern auch Erzieher anleiten können.

1 Probleme dabei, die Sprache richtig zu benutzen = die ……………………
2 Bewegungen mit dem Mund, den Lippen und der Zunge = die ……………………
3 die Kommunikation mit Sprache und Gesten = die ……………………
4 alle Wörter, die man versteht und benutzt = der ……………………
5 der Prozess, sprechen zu lernen = der ……………………
6 ein Ordner, in dem man die sprachliche Entwicklung dokumentiert = das ……………………

2 Bilden Sie Wörter. Notieren Sie mit Artikel.

1 die Sprache + der Erwerb = ……………………
2 der Körper + die Sprache = ……………………
3 sprechen + die Störung = ……………………
4 die Sprache + die Entwicklung = ……………………
5 der Mund + die Motorik = ……………………
6 lernen + das Tagebuch = ……………………
7 das Wort + der Schatz = ……………………

3 Ergänzen Sie. (Nicht alles passt.) Hören Sie dann und kontrollieren Sie.

anleiten | lallen | lispeln | nuckeln | nuscheln | stottern

1 Das Kind wiederholt beim Sprechen Laute, Silben oder Wörter, es …………………… .
2 Das Kind entdeckt seine Stimme und die ersten Laute, es …………………… .
3 Das Kind bildet die Laute „s" und „sch" falsch, es …………………… .
4 Das Kind spricht undeutlich, es …………………… .

4 Finden Sie acht Wörter und beschriften Sie die Bilder.

KJBVLNÖALXKJKÖRPERSPRACHEHGSCKÖMXALISPELNBWEGQOJPSOIJOWORTSCHATZNJHVOAN
EWPIJCEÖALEBILINGUALGZGNUCKELNUIGHRUISHEGIUUZGERSPRACHLERNTAGEBUCHHGIUHB
ASLJNHKJSCHNULLERBKJVHBESHBINTERAKTIONNOLIEJHFIOUEGV

1 die ……………………

2 der ……………………

3 ……………………

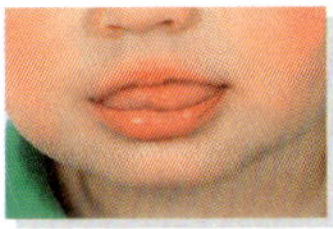

4 ....   5 das ....

6 die ....   7 der ....   8 ....

5 Schreiben Sie die Wörter richtig.

1 den Wortschatz für die Sprachstands.......................... (ungerheb) testen
2 das Sprach.................................... (buchlerntage) ausfüllen
3 einen .... (auLt) nachmachen
4 ein Spiel .... (leianten)
5 am Daumen oder Finger .... (ckelnun)
6 mit der ....entwöhnung (erllSchnu) anfangen
7 Übungen für die Mund...................... (tomorik) machen

6 Wie kann man das auch sagen? Verbinden Sie.

1 zweisprachig
2 die Kommunikation
3 ein Wort mehrmals beginnen
4 nicht deutlich sprechen
5 Laute von sich geben, die man nicht versteht
6 ein Sprachtest für Vorschulkinder

A lallen
B die Sprachstandserhebung
C nuscheln
D bilingual
E die Interaktion
F stammeln oder stottern

7 Welche Übungen für die Mundmotorik kennen Sie? Machen Sie Notizen.

Lernwortschatz

anleiten, hat angeleitet ....
bilingual ....
die Interaktion, -en ....
die Körpersprache, -n ....
lallen, hat gelallt ....
der Laut, -e ....
lispeln, hat gelispelt ....
die Mundmotorik (Sg.) ....
nuckeln, hat genuckelt ....
nuscheln, hat genuschelt ....
der Schnuller, – ....
die Schnullerentwöhnung (Sg.) ....
die Sprachentwicklung, -en ....
der Spracherwerb (Sg.) ....
das Sprachlerntagebuch, ¨-er ....
die Sprachstandserhebung, -en ....
die Sprachstörung, -en ....
die Sprechstörung, -en ....
stottern, hat gestottert ....
der Wortschatz, ¨-e ....

30 Lernangebote

1 a **Hören Sie. Welche Bilder passen? Kreuzen Sie an.**

b **Hören und ergänzen Sie.**

Neue Kurse – nicht nur für ....[1] begabte Kinder

Im September starten die Kurse zur ....[2] an der Musikschule Hückeswagen. Die neuen Kurse ....[3] auf spielerische Art und Weise das musikalische ....[4] bei Kindern ab vier Jahren. Diese ....[5] Förderung ist auch dann sinnvoll, wenn die Kinder später kein Musikinstrument erlernen möchten.

2 **Bilden Sie Wörter.**

1 die Vorstellung + das Vermögen = ...
2 fördern + der Bedarf = ...
3 der Forscher + der Drang = ...
4 die Schule + die Fähigkeit = ...
5 lernen + die Werkstatt = ...
6 früh + die Erziehung = ...
7 elementar + der Bereich = ...

3 **Finden Sie sechs Wörter und ergänzen Sie. (Nicht alles passt.)**

KHSWQPROZESSJHQOIHXLÖAUTONOMIESNGAHXJQVORSCHULEBLXJKLKSAKJLERNANGEBOTJH
QKJSHIUXTALENTKNOIÖWHLKYQHELEMENTARBEREICHSQON

1 ....: Zustand der Selbstbestimmung und Unabhängigkeit
2 ....: die erste Stufe des Bildungssystems, zu der Einrichtungen zur Förderung, Bildung und Betreuung von Kindern gehören, die noch nicht schulpflichtig sind.
3 ....: die Erziehung vor der Einschulung, z. B. im Kindergarten oder anderen Einrichtungen, die schulische Leistungen vorbereiten und zur Schulfähigkeit führen soll.

4 Ergänzen Sie (die Nomen mit Artikel).

1 .... – die Einschulung
2 fördern – ....
3 loben – ....
4 .... – die Zahl

5 Wie kann man das auch sagen? Kreuzen Sie an.

1 die Fantasie = ○ das Vorstellungsvermögen ○ der Prozess
2 die Neugier = ○ das Lob ○ der Forscherdrang
3 die Autonomie = ○ die Selbstbestimmung ○ die Lernwerkstatt
4 begabt sein = ○ individuell sein ○ Talent haben
5 sagen, dass jemand etwas gut macht = ○ jemanden loben ○ auf jemanden zählen
6 etwas machen wie ein anderer = ○ jemanden nachahmen ○ jemanden fördern

6 Bilden Sie Wörter und ergänzen Sie.

angebote | begabt | bedarf | fähigkeit | Förder | gruppe | Lern | Schul | Talent | Vorschul

1 ◆ Wie viele Kinder aus der .... werden im Herbst eingeschult?
○ Das ist noch nicht klar. Bei einigen müssen wir noch die .... testen.

2 ◆ Ab wann kann man musikalisches .... fördern?
○ Man kann gar nicht früh genug damit anfangen. Wer ist denn in deiner Gruppe besonders ....?

3 ◆ Wie hoch ist der .... in deiner Gruppe?
○ Das kann ich so allgemein nicht sagen. Individuelle .... sind auf jeden Fall für alle Kinder sinnvoll.

7 Welche Lernangebote halten Sie für besonders wichtig? Machen Sie Notizen.

Lernwortschatz

die Autonomie (Sg.) ....
begabt ....
einschulen, hat eingeschult ....
die Einschulung, -en ....
der Elementarbereich, -e ....
der Förderbedarf (Sg.) ....
fördern, hat gefördert ....
die Förderung, -en ....
der Forscherdrang (Sg.) ....
die Früherziehung (Sg.) ....
individuell ....
das Lernangebot, -e ....
die Lernwerkstatt, ¨-en ....
das Lob (Sg.) ....
loben, hat gelobt ....
musikalisch ....
der Prozess, -e ....
die Schulfähigkeit (Sg.) ....
die Selbstbestimmung (Sg.) ....
das Talent, -e ....
die Vorschule, -n ....
das Vorstellungsvermögen, – ....

31 Qualitätssicherung, Beurteilungen und Zeugnisse

1 **Finden Sie fünf Wörter und bilden Sie Komposita mit „Entwicklungs-" oder „-entwicklung". Notieren Sie mit Artikel.**

HGSOHOSMBERICHTAJVAVQUALITÄTKLQNXHQGIUHOIODHPOPXBASMVERZÖGERUNGMWEUF BVYSQUIGQLXKMNQSTANDQQOHBASTÖRUNGLQW

....

....

....

2 **Hören und ergänzen Sie.**

1 ◆ Was ist eigentlich die ....? Das lese ich immer wieder. Ist das ein Bildungsplan oder ein ....?

○ Nein, KES ist die Abkürzung für Kindergarten-Einschätz-........... Diese Skala wurde 1997 zur .... in Tageseinrichtungen für Kinder entwickelt und ist bis heute der Standard.

2 ◆ Wofür ist dieser ....? Muss ich den ausfüllen?

○ Ja. Der Beobachtungsbogen ist eine gute Hilfe. Damit können wir leicht ...., wie der Entwicklungsstand der Kinder ist. Der Bogen hilft damit, die Kinder .... zu beobachten und die Beobachtungen zu strukturieren.

3 ◆ Was steht eigentlich im Bildungsplan?

○ Bei uns heißt dieses Papier ....: Dort stehen zum Beispiel die Ziele für die Bildung und Erziehung von Drei- bis Sechsjährigen, aber auch Hinweise für die .... in unserer Einrichtung.

4 ◆ Bekomme ich eigentlich ein ....? Ich finde es wichtig, dass ich weiß, was ich gut mache und wo ich mich verbessern kann.

○ Ja, klar, wenn du möchtest. Ich kann dir aber auch mündlich eine Rückmeldung zu deiner .... geben. Wir können dafür einen Termin vereinbaren.

3 **Lösen Sie das Rätsel und finden Sie das Lösungswort.**

1 ein Programm für die Entwicklung von Kindern = der ...
2 etwas ordnen, etwas eine Struktur geben = etwas ...
3 etwas aufschreiben und als Dokument aufbewahren = etwas ...
4 ein Kind genau ansehen = ein Kind ...
5 das Ergebnis einer Arbeit = die ...
6 mit System arbeiten = ... arbeiten

Lösung:
das ....

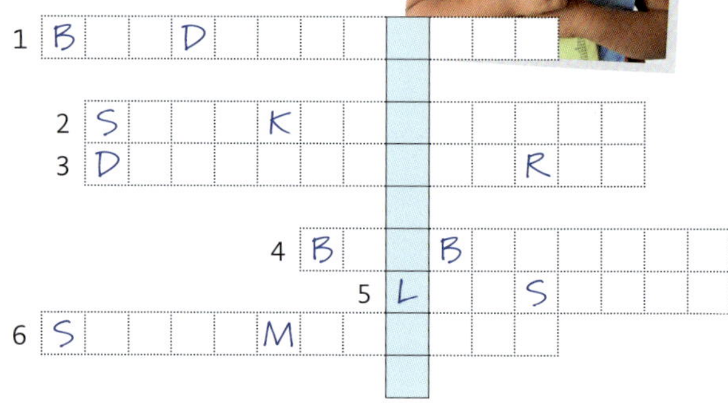

4 Was passt zusammen? Verbinden Sie.

1 der Orientierungs- oder Bildungs	A störung
2 die Rück	B bogen
3 das Zwischen	C standard
4 der Qualitäts	D zeugnis
5 der Leistungs	E plan
6 die Entwicklungs	F druck
7 die Kindergarten-Einschätz-	G meldung
8 der Beobachtungs- und Dokumentations	H Skala

5 Was ist richtig? Kreuzen Sie an.

1 Wenn es bei Kindern einen Verdacht auf Gewalt oder Missbrauch in der Familie gibt, dann wird das in einem
◯ Entwicklungsbericht ◯ Zwischenzeugnis ◯ Dokumentationsbogen
genau dokumentiert. Damit kann man die Beobachtungen gut strukturieren.

2 Ein Rahmenplan für Bildung und Erziehung kann in verschiedenen Bundesländern unterschiedliche Namen haben. So heißt er zum Beispiel auch
◯ Kindergarten-Einschätz-Skala. ◯ Orientierungsplan. ◯ Qualitätsentwicklung.

3 Für die Qualitätssicherung muss man Leistungen regelmäßig überprüfen und bestimmte
◯ Standards ◯ Entwicklungsverzögerungen ◯ Beobachtungsbögen einhalten.

4 ◯ Der Entwicklungsstand ◯ Das Portfolio ◯ Der Dokumentationsbogen dokumentiert wichtige Schritte in der Entwicklung der Kinder. Meistens ist das eine Mappe mit Arbeitsblättern und Bildern, die die Kinder gemalt haben.

6 Welche Maßnahmen zur Qualitätsentwicklung und -sicherung kennen Sie aus Ihrer Einrichtung? Machen Sie Notizen.

Lernwortschatz

beobachten, hat beobachtet ....
der Beobachtungsbogen, ¨ ....
der Bildungsplan, ¨e ....
der Dokumentationsbogen, ¨ ....
dokumentieren, hat dokumentiert ....
....
der Entwicklungsbericht, -e ....
der Entwicklungsstand, ¨e ....
die Entwicklungsstörung, -en ....
die Entwicklungsverzögerung, -en ....
die KES (Kindergarten-Einschätz-Skala) ....
....
die Kindergarten-Einschätz-Skala, -Skalen ....
....

die Leistung, -en ....
der Leistungsdruck (Sg.) ....
der Orientierungsplan, ¨e ....
das Portfolio, -s ....
die Qualitätsentwicklung, -en ....
....
die Qualitätssicherung, -en ....
der Qualitätsstandard, -s ....
die Rückmeldung, -en ....
der Standard, -s ....
strukturieren, hat strukturiert ....
....
systematisch ....
das Zwischenzeugnis, -se ....

32 Mit allen Sinnen

1 Was passt? Kreuzen Sie an. Hören Sie dann und kontrollieren Sie.

Mit allen Sinnen die Welt entdecken

Gesunde Kinder entdecken die Welt mit ihren fünf ○ Sinnen ○ Grimassen[1]. Sie sehen, hören, ○ erschrecken ○ tasten[2], riechen und schmecken. So lernen sie Schritt für Schritt, die Welt zu verstehen. Es ist wichtig, dass Kinder viele Möglichkeiten dafür haben. Es geht aber nicht um die Menge der Eindrücke oder um eine ○ Reizüberflutung ○ Neugier[3]. Vielmehr sollen die Kinder Zeit haben, zum Beispiel ○ das Spiegelbild ○ den Geruch[4] von Blumen wahrzunehmen oder durch Fühlen einen ○ haptischen ○ nasalen[5] Eindruck von einem Apfel zu bekommen. Die ○ olfaktorische ○ visuelle[6] Wahrnehmung, also das Sehen, spielt im Alltag eine sehr große Rolle. Es ist wichtig, die Kinder auch für die anderen Sinne ○ sensibel ○ taktil[7] zu machen. Dann werden die Kinder sich mit der Zeit auch mehr ○ ausdrücken ○ zutrauen[8] und ihrer Neugier folgen.

2 Was passt? Sortieren Sie.

auditiv | der Geruch | haptisch | hören | nasal | olfaktorisch | riechen | sehen | taktil | tasten | visuell

1 ……………………
……………………

2 ……………………
……………………
……………………
……………………

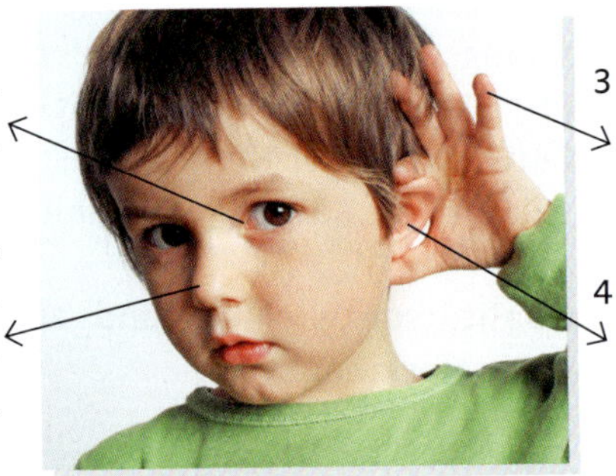

3 ……………………
……………………
……………………

4 ……………………
……………………

3 Bilden Sie Wörter und ergänzen Sie.

bild | flutung | gier | Gri | masse | Neu | Reiz | schätzung | Selbst | Spiegel | trauen | über | ver | Wert

1 Wenn Kinder zu viele Eindrücke auf einmal wahrnehmen, leiden sie unter einer R…………………… .
2 Wenn Kinder sich selbst viel zutrauen, haben sie viel S…………………… .
3 Wenn ein Kind durchs Fenster schaut, sieht es manchmal sein eigenes S…………………… .
4 Wenn man ein Kind lobt, ist das eine W…………………… .
5 Wenn ein Kind Lust hat, etwas Neues auszuprobieren oder kennenzulernen, zeigt es eine gesunde N…………………… .
6 Wenn ein Kind ein komisches Gesicht macht, zieht es eine G…………………… .

4 Verbinden und schreiben Sie.

2 jemanden mit einer Grimasse

erschrecken

1 sein eigenes Spiegelbild

entdecken

sehen

4 die Welt mit allen Sinnen

3 den Kindern immer mehr

zutrauen

5 sensibel auf Reizüberflutung

reagieren

1 ....
2 ....
3 ....
4 ....
5 ....

5 Was passt? Kreuzen Sie an.

1 Die Kinder haben jetzt weniger Angst. Sie ○ trauen ○ erschrecken sich immer mehr zu.
2 Wir ○ zeigen ○ reagieren den Kindern möglichst oft unsere Wertschätzung.
3 Die Kinder ○ entdecken ○ gewinnen so schnell mehr Selbstvertrauen.
4 Im Spiel mit Puppen und Tieren können die Kinder Gefühle ○ gewinnen ○ ausdrücken.

6 Was passt zusammen? Verbinden Sie.

1 geschmacklich wahrnehmen
2 auditiv wahrnehmen
3 olfaktorisch wahrnehmen
4 visuell wahrnehmen
5 haptisch wahrnehmen

A sehen
B tasten und fühlen
C hören
D schmecken
E riechen

7 Welche Spiele sind gut geeignet, um die Wahrnehmung mit allen Sinnen zu üben? Machen Sie Notizen.

Lernwortschatz

auditiv ....
ausdrücken, hat ausgedrückt ....
erschrecken, hat erschreckt ....
der Geruch, ¨-e ....
die Grimasse, -n ....
haptisch ....
nasal ....
die Neugier / die Neugierde (Sg.) ....
....
olfaktorisch ....

die Reizüberflutung, -en ....
das Selbstvertrauen (Sg.) ....
sensibel ....
der Sinn, -e (meist Pl.) ....
das Spiegelbild, -er ....
taktil ....
tasten, hat getastet ....
visuell ....
die Wertschätzung (Sg.) ....
zutrauen, hat zugetraut ....

33 Gefühle, Stimmungen und Befindlichkeiten

1 Was passt? Beschriften Sie die Bilder.

der Jähzorn | der Neid | der Stolz | die Verlegenheit

1 .... 2 .... 3 .... 4 ....

2 Welche Eigenschaften und Gefühle hören Sie? Kreuzen Sie an.

1 ○ impulsiv
2 ○ verlegen
3 ○ temperamentvoll
4 ○ empathisch
5 ○ eifersüchtig
6 ○ fröhlich
7 ○ introvertiert
8 ○ extrovertiert
9 ○ resilient
10 ○ träge

3 Hören und ergänzen Sie.

Wenn ein Kind ....[1] ist, bedeutet das, dass es auch mit sehr schwierigen Situationen – wie mit Armut oder dem Tod eines Elternteils – umgehen kann. Auch wir Erzieherinnen und Erzieher können diese Fähigkeit fördern. Ein resilientes Kind kennt seine eigenen ....[2] und Impulse und kann sie kontrollieren. Es ist aber auch ....[3] – es kann also die Befindlichkeiten und ....[4] der anderen Menschen erkennen und verstehen. Es kann zu anderen Menschen Kontakt aufnehmen und Hilfe organisieren.

4 Ergänzen Sie die Nomen mit Artikel.

1 fühlen – ....
2 verlegen – .... 
3 stolz – .... 
4 impulsiv – ....

5 Wie heißt das Gegenteil? Verbinden Sie.

1 zufrieden sein
2 introvertiert
3 traurig
4 temperamentvoll
5 unsensibel für andere

A fröhlich
B empathisch
C extrovertiert
D meckern
E träge

6 Was passt nicht? Streichen Sie.

1 das Gefühl – die Stimmung – die Befindlichkeit – die Trotzphase
2 eifersüchtig – fröhlich – traurig – unzufrieden
3 nörgeln – meckern – sich freuen – trotzen
4 temperamentvoll – träge – impulsiv – extrovertiert
5 der Neid – der Jähzorn – die Angst – der Stolz

7 Lösen Sie das Rätsel.

1 stark, auch in schlimmen Situationen
2 auf sich selbst, nach innen orientiert
3 zufrieden und lustig
4 sensibel, mitfühlend
5 temperamentvoll
6 meckern
7 faul
8 die Befindlichkeit

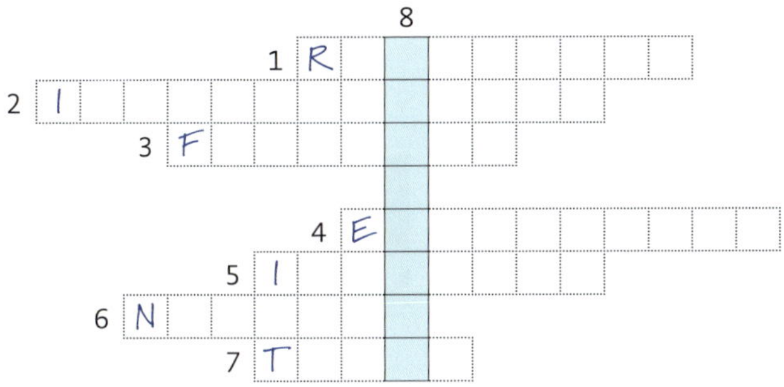

8 Welche Erfahrungen haben Sie mit Kindern in der Trotzphase? Wie gehen Sie mit ihnen um? Machen Sie Notizen.

Lernwortschatz

die Befindlichkeit, -en ....
eifersüchtig ....
empathisch ....
extrovertiert ....
fröhlich ....
das Gefühl, -e ....
der Impuls, -e ....
impulsiv ....
introvertiert ....
der Jähzorn (Sg.) ....
meckern, hat gemeckert ....
der Neid (Sg.) ....
nörgeln, hat genörgelt ....
resilient ....
die Stimmung, -en ....
der Stolz (Sg.) ....
temperamentvoll ....
träge ....
trotzen, hat getrotzt ....
die Trotzphase, -n ....
verlegen ....
die Verlegenheit (Sg.) ....

34 Trösten und beruhigen

1 Finden Sie neun Wörter und ergänzen Sie.

LPQWTZAFGSCHLAGENHSQGJRAUFENBSDMNCHÄNSELNOQWDWLKAFJERSCHRECKENJSKDHFK
AJTRÖSTENKSJVKJGJVHTRENNENGJHDGUMARMENCBJSTREICHELNTZQBYVERTRAGENANSDLK

1 Wenn Kinder frustriert sind, ____________ sie manchmal. Das passiert aber nicht nur im Streit, sondern auch zum Spaß.
2 Kinder sollten lernen, dass sie sich nicht ____________ oder hauen dürfen. Das gilt auch, wenn sie frustriert sind.
3 Wenn ein Kind weint, sollte sich ein Erzieher oder eine Erzieherin die Zeit nehmen, es zu ____________.
4 ____________ ist eine Art von Zuwendung, die Kinder schnell beruhigt.
5 Liebevoller Körperkontakt – zum Beispiel ____________ – ist für die soziale Entwicklung der Kinder wichtig.
6 Viele Kinder weinen, wenn sie sich ____________.
7 Bei einem schlimmen Streit sollten die Erzieher die Kinder ____________.
8 Nach der Trennung können die Erzieher dabei helfen, dass die Kinder sich wieder ____________. Manchmal muss dafür ein Kind nachgeben.
9 Kinder sollten verstehen lernen, dass es gemein ist, andere Kinder zu ____________. Es ist wichtig, dass die Kinder sich trauen, bei Problemen zu den Erziehern zu gehen.

2 Was ist richtig? Hören Sie und kreuzen Sie an.

1 Kinder ○ erschrecken ○ hauen ○ umarmen sich.
2 Der Erzieher ○ tröstet ○ hänselt ○ schlägt ein Kind.
3 Kinder sollen sich nach einem Streit ○ vertragen. ○ raufen. ○ trennen.
4 Das Kind soll Lili ○ umarmen. ○ erschrecken. ○ streicheln.
5 Die Erzieherin weiß nicht, wie sie Martin ○ umarmen ○ nachgeben ○ beruhigen kann.

3 Ergänzen Sie die Nomen mit Artikel.

1 liebevoll – ____________
2 trennen – ____________
3 frustriert – ____________
4 streiten – ____________

4 Was passt zusammen? Verbinden Sie.

1 Wenn ihr jetzt beide nachgebt,
2 Wenn du Anna immer erschreckst,
3 Wenn ihr weiter so rauft,
4 Wenn du Lena jetzt tröstest,
5 Wenn ihr Max immer hänselt,

A dann muss ich euch trennen.
B könnt ihr euch schnell wieder vertragen.
C dann beruhigt sie sich sicher schnell.
D ist er frustriert und traurig.
E dann traut sie sich nicht in die Spielecke.

5 **Wie kann man das auch sagen? Bilden Sie Wörter und ergänzen Sie.**

dung | en | gen | har | kon | Kör | mo | nisch | nungs | per
schla | such | takt | trau | Tren | ver | wen | Zu

1 Du sollst nicht hauen! = Hör auf, die anderen zu ....
2 Hast du versucht, sie zu trennen? = Hast du einen .... unternommen?
3 Wie reagiert das Kind, wenn du es umarmst oder streichelst? = Wie reagiert das Kind auf körperliche ....?
4 Beim Trösten solltest du das Kind berühren. = Beim Trösten sollte es .... mit dem Kind geben.
5 Welche Kinder haben den Mut, bei einem Streit nachzugeben? = Welche Kinder .... sich, bei einem Streit nachzugeben?
6 Natürlich gibt es in der Kita auch mal Streit. = Natürlich geht es in der Kita nicht immer nur .... zu.

6 **Schreiben Sie die Wörter richtig und sortieren Sie.**

enhiberug | suFrt | nhänesl | uhane | gnaschle | histrcenel | teStri
ntröets | numamre | ngeZuwndu

liebevoll: ....
nicht harmonisch: ....

7 **Was machen Sie, wenn zwei Kinder sich schlimm streiten? Wie trösten Sie ein Kind, das von anderen Kinder gehänselt wird? Machen Sie Notizen.**

Lernwortschatz

beruhigen, hat beruhigt ....
erschrecken, hat erschreckt ....
....
der Frust (Sg.) ....
frustriert ....
hänseln, hat gehänselt ....
harmonisch ....
hauen, hat gehauen ....
der Körperkontakt, -e ....
liebevoll ....
nachgeben, hat nachgegeben ....
....
raufen, hat gerauft ....

schlagen, hat geschlagen ....
streicheln, hat gestreichelt ....
der Streit, -e (meist Sg.) ....
sich trauen, hat sich getraut ....
....
trennen, hat getrennt ....
die Trennung, -en ....
der Trennungsversuch, -e ....
trösten, hat getröstet ....
umarmen, hat umarmt ....
sich vertragen, hat sich vertragen ....
....
die Zuwendung (Sg.) ....

Wörterverzeichnis

Die Zahl gibt die Nummer des Wortfelds an.

F

G

H

I

T

U

V

W

Z

Quellenverzeichnis

Cover: © Getty Images/iStock/Lordn

S. 5: © Thinkstock/iStock/KatarinaGondova

S. 6: Ü1 © RioPatuca – stock.adobe.com; Ü3 © PantherMedia/Alena Ozerova

S. 7: © Thinkstock/iStock/monkeybusinessimages

S. 8: 1 © Thinkstock/iStock/terng99; 2 © Getty Images/iStock/Spiderplay; 3 © Thinkstock/iStock/stsmhn; 4 © Thinkstock/iStock/Peshkova; 5 © Shutterstock/Tyler Olson; 6 © fefufoto – stock.adobe.com

S. 9: © Thinkstock/iStock/DGLimages

S. 10: Ü2 © iStock/skynesher; Ü4: Erste Hilfe © fotolia/T. Michel; Mund © Thinkstock/iStock/Oleksandr Kyrylov

S. 11: © Thinkstock/iStock/shironosov

S. 12: Ü4 © Thinkstock/iStock/Kmonroe2

S. 13: © Thinkstock/iStock/Highwaystarz-Photography

S. 14: © shootingankauf – stock.adobe.com

S. 15: © Thinkstock/iStock/monkeybusinessimages

S. 16: © Thinkstock/iStock/Photodisc/Digital Vision

S. 17: © mauritius images/Westend61/Mareen Fischinger

S. 18: © Thinkstock/iStock/AlexRaths

S. 20: 1 © Thinkstock/iStock/monkeybusinessimages; 2 © mauritius images/Heidi Velten; 3 © Olesia Bilkei – stock.adobe.com; 4 © Robert Kneschke – stock.adobe.com

S. 21: Ü6: 1a © Getty Images/iStock/nicolesy; 1b © Thinkstock/iStock/Zdenka_Simekova; 2a © Thinkstock/Wavebreak Media/Wavebreakmedia Ltd; 2b © Thinkstock/iStock/JGI; 3a © Thinkstock/Stockbyte/Comstock; 3b © Thinkstock/iStock/MachineHeadz; 4a © Thinkstock/iStock/AntonioGuillem; 4b © iStock/IS_ImageSource

S. 23: © Thinkstock/iStock/julief514

S. 25: © Thinkstock/iStock/intek1

S. 26: © Thinkstock/iStock/MicrovOne

S. 27: © Thinkstock/Valueline/Barbara Penoyar

S. 28: Morgenkreis © iStock/skynesher; Jahreskreis © Thinkstock/iStock/Letheannn

S. 29: © Thinkstock/iStock/Weedezign

S. 30: Ü1: 1 © pioneer111 – stock.adobe.com; 2, 3 © Thinkstock/iStock/rasslava; 4 © Alexander Morozov – stock.adobe.com; 5 © Thinkstock/iStock/tsurukamedesign; 6 © Thinkstock/iStock/svetlana zayats; Ü2: 1© Thinkstock/iStock/BravissimoS; 2 © Thinkstock/iStock/gpointstudio; 3 © Thinkstock/iStock/XiXinXing; 4 © Thinkstock/iStock/Brian McEntire; 5 © Thinkstock/iStock/dolgachov

S. 31: Klettergerüst © Alexander Morozov – stock.adobe.com; Puppenwagen © Thinkstock/iStock/Mike_Kiev; Spielverhalten © Thinkstock/iStock/Lordn; Sandkasten © Thinkstock/iStock/Philipp83

S. 32: Ü2: 1 © MEV; 2 © yelantsevv – stock.adobe.com; 3 © Taigi – stock.adobe.com; 4 © Thinkstock/iStock/Muralinath; 5 © Michael Burrell – stock.adobe.com; 6 © Thinkstock/iStock/chrisbrignell; Ü3 © Thinkstock/iStock/sebastianosecondi

S. 33: 1 © Thinkstock/iStock/woogies1; 2 © Natalia – stock.adobe.com; 3 © Thinkstock/iStock/eric1513; 4 © Thinkstock/iStock/CComber

S. 34: Ü1: 1 © ehrenberg-bilder – stock.adobe.com; 2 © Thinkstock/iStock/Photography Firm; 3 © olllinka2 – stock.adobe.com; 4 © Getty Images/iStock/Michal Boubin; 5 © Thinkstock/iStock/berents; 6 © iStockphoto/picha; 7 © Thinkstock/iStock/Nikolay_Popov; 8 © BEAUTYofLIFE – stock.adobe.com; 9 © nys – stock.adobe.com; Ü3: 1 © Thinkstock/iStock/stagnatilis; 2 © Thinkstock/iStock/Nikolay Postnikov; 3 © iStockphoto/kotangens; 4 © Thinkstock/iStock/MileA; 5 © Thinkstock/iStock/UroshPetrovic; 6 © Thinkstock/iStock/cookelma

S. 35: © Thinkstock/iStock/dtimiraos

S. 36: 1 © Thinkstock/iStock/marcopasqualini; 2 © Thinkstock/iStock/James Pauls; 3 © Thinkstock/iStock/LuminaStock; 4 © Thinkstock/iStock/pliona; 5 © Thinkstock/iStock/KatarinaGondova; 6 © Getty Images/E+/FatCamera

S. 37: © FreiDenker26 – stock.adobe.com

S. 38: 1 © cicisbeo – stock.adobe.com; 2 © Anke Thomass – stock.adobe.com; 3 © Thinkstock/iStock/AntonioGuillem; 4 © Thinkstock/iStock/olesiabilkei; 5 © Thinkstock/iStock/Radist; 6 © Thinkstock/iStock/SbytovaMN; 7 © Thinkstock/iStock/FamVeld; 8 © Getty Images/iStock/by_nicholas; 9 © Thinkstock/iStock/GeorgeRudy

S. 39: Ü6: 1 © Thinkstock/iStock/frankoppermann; 2 © Jürgen Fälchle – stock.adobe.com; 3 © Robert Emprechtinger – stock.adobe.com; 4 © Jörg Lantelme – stock.adobe.com; 5 © Getty Images/E+/sampsyseeds; 6 © fotolia/scol22; 7 © Thinkstock/iStock/MaxRiesgo; Säugling © Thinkstock/iStock/Halfpoint

S. 40: 1 © Thinkstock/iStock/koya79; 2 © Thinkstock/iStock/msk.nina; 3 © Xiao – stock.adobe.com; 4 © Olga Yastremska and Leonid Yastremskiy – stock.adobe.com; 5 © Thinkstock/iStock/Vladimir Tomovic

S. 41: © Getty Images/E+/skynesher

S. 42: Ü2 © oksix – stock.adobe.com; Ü3: 1 © fotolia/Heike Rau; 2 © Thinkstock/iStock/Magone; 3 © elisabetta figus – stock.adobe.com; 4 © Thinkstock/Blend Images/ERproductions Ltd; 5 © fotolia/Sean M; 6 © Thinkstock/iStock/napatcha

S. 43: © Thinkstock/MIXA/MIXA next

S. 44: Ü1: 1 © Thinkstock/iStock/iofoto; 2 © Thinkstock/FogStock/Vico Images/Erik Palmer; 3 © Thinkstock/iStock/dimarik; 4 © Thinkstock/Stockbyte/Comstock Images; 5 © MEV; Ü2: 1 © Thinkstock/iStock/Mark Fairey; 2 © Thinkstock/iStock/Levent-Konuk; 3 © Thinkstock/iStock/antpkr

S. 45: © MEV

S. 47: 1 © Thinkstock/iStock/Kondratenko; 2 © Thinkstock/iStock/Dmytro_Skorobogatov; 3 © Thinkstock/iStock/pioneer111; 4 © Thinkstock/iStock/Yasonya; 5 © Thinkstock/iStock/Garsya; 6 © Thinkstock/iStock/nickgavluk; 7 © Thinkstock/iStock/design56; 8 © Thinkstock/iStock/Thomas Lammeyer; 9 © Thinkstock/iStock/Vold77

S. 48: A © Thinkstock/iStock/Martin-Lang; B © Martin Lang – stock.adobe.com

S. 49: © Thinkstock/iStock/John Kelly

S. 50: © Thinkstock/iStock/apichat_naweewong

S. 51: © Thinkstock/iStock/Zinkevych

S. 52: Ü1: 1 © Thinkstock/iStock/F3al2; 2 © Thinkstock/iStock/dimarik; 3 © Thinkstock/iStock/kwanchaichaiudom; 4 © fotolia/gna60; 5 © Thinkstock/iStock/BrianAJackson; 6 © fotolia/Jordache; Ü3: Krankschreibung © Alexander Raths – stock.adobe.com

S. 53: © Thinkstock/iStock/IPGGutenberg-UKLtd

S. 54: 1 © fotolia/T. Michel; 2 © Thinkstock/iStock/tulpahn; 3 © Hueber Verlag/Britta Sölla; 4 © Thinkstock/iStock/Tevarak; 5 © lantapix – stock.adobe.com; 6 © Thinkstock/iStock/John Sartin

S. 55: 1 © VRD – stock.adobe.com; 2 © Astrid Gast – stock.adobe.com; 3 © Sealb – stock.adobe.com; 4 © Thinkstock/iStock/man_kukuku; 5 © Thinkstock/iStock/Astrid Gast; 6 © Thinkstock/iStock/comzeal; 7 © Thinkstock/iStock/vladans

S. 56: 1 © Thinkstock/iStock/Dmitry Naumov; 2 © Thinkstock/iStock/DenKuvaiev

S. 57: A, D © Thinkstock/iStock/Katarzyna-Bialasiewicz; B © Thinkstock/iStock/DenKuvaiev; C © Thinkstock/iStock/AkilinaWinner; Ü4 © Thinkstock/iStock/DGLimages

S. 58: © Thinkstock/iStock/olesiabilkei

S. 59: © Thinkstock/Digital Vision/Jack Hollingsworth

S. 60: von oben: © Thinkstock/iStock/monkeybusinessimages; © Thinkstock/iStock/tatyana_tomsickova; © Thinkstock/iStock/8vFanI

S. 62: 1 © Thinkstock/iStock/gpointstudio; 2 © Thinkstock/iStock/lucielang; 3 © Thinkstock/iStock/Evgenii_Bobrov

S. 63: 4 © Shutterstock/Andrea Slatter; 5 © Thinkstock/iStock/juhide; 6 © Thinkstock/iStock/LumineImages; 7 © Benjamin Duda – stock.adobe.com; 8 © Thinkstock/iStock/Gerapromo

S. 64: 1 © Thinkstock/iStock/Highwaystarz-Photography; 2 © Thinkstock/iStock/monkeybusinessimages; 3 © Thinkstock/iStock/mrdoomits; 4 © Thinkstock/iStock/gpointstudio; 5 © Thinkstock/iStock/Cameravit; 6 © Thinkstock/iStock/JackF

S. 65: © Thinkstock/iStock/monkeybusinessimages

S. 66: © Olga Vasina – stock.adobe.com

S. 67: © Thinkstock/DigitalVision/Siri Stafford

S. 68: © photophonie – stock.adobe.com

S. 69: Spiegelbild © Thinkstock/iStock/Goami; Grimasse © Thinkstock/Purestock/Purestock

S. 70: Ü1: 1 © Thinkstock/iStock/Evgenii-And; 2 © Thinkstock/iStock/LightField-Studios; 3 © Thinkstock/iStock/jegesvarga; 4 © Thinkstock/iStock/Bigandt_Photography; Ü4: Smileys © Thinkstock/iStock/yayayoyo

S. 71: von oben: © Thinkstock/iStock/Rawpixel; © Thinkstock/iStock/szefei; © Thinkstock/iStock/lezbo76

S. 72: 1 © Thinkstock/iStock/vitapix; 2 © Thinkstock/iStock/kdshutterman; 3 © Thinkstock/iStock/Hongqi Zhang; 4 © Kitty – stock.adobe.com; 5 © Thinkstock/iStock/gpointstudio; 6 © Thinkstock/iStock/Ferenc Szelepcsenyi; 7 © Thinkstock/iStock/3bugsmom; 8 © Thinkstock/iStock/EvgeniiAnd; 9 © Thinkstock/iStock/gpointstudio

S. 73: © Thinkstock/iStock/vesmil

Illustrationen: Mascha Greune, München

Bildredaktion: Britta Sölla, Hueber Verlag, München

Audios

Sprecherinnen und Sprecher:
Stefanie Dischinger, Henk Flemming, Peter Frerich, Anke Kortemeier

Aufnahmen und Postproduktion:
Tonstudio Langer, Neufahrn bei Freising

Weitere Titel

Im Beruf NEU, Fachwortschatztrainer Pflege
ISBN 978-3-19-321190-3

Im Beruf NEU, Fachwortschatztrainer Küche und Restaurant
ISBN 978-3-19-351190-4

Im Beruf NEU, Fachwortschatztrainer Reinigung
ISBN 978-3-19-371190-8

Im Beruf NEU, Fachwortschatztrainer Technik
ISBN 978-3-19-311190-6